ちくま新書

景気はなぜ実感しにくいのか

前田裕之
Maeda Hiroyuki

1836

景気はなぜ実感しにくいのか【目次】

イラストレーション＝藤井龍二

はじめに

「景気回復」を実感できない人が多いのはなぜか。

　この問いへの答えを探るのが本書の目的である。日本政府は、国内の景気が今、どんな状態にあるのかを定期的に発表している。政府が「景気は緩やかに回復している」と説明しているのなら、日本の景気は上向き、日本で生活する人の暮らし向きは少しずつ良くなっているはずだ。

　世の中には、経済学者やエコノミストと呼ばれる経済の専門家たちがいる。専門家たちに景気と暮らし向きの関係を尋ねれば、「景気が良くなれば経済が成長し、国民の生活水準が上がる」と丁寧に教えてくれるだろう。

　専門家の説明の中に「成長」という言葉が登場するが、「景気」と「成長」は切っても切れない関係にある。国全体の経済の動きに焦点を当てるマクロ経済学でも、景気が変動する要因を分析する「景気循環理論」と、経済が成長する要因を分析する「経済成長理論」は対をなす重要な研究分野である。

日本も含め、世界の歴史を振り返れば、景気変動（循環）を繰り返しながら、経済は成長してきた。これからもこの流れが続くのなら、景気が良くなれば国民の暮らし向きは良くなるだろう。

本当にそうなのか、という疑問が本書の出発点だ。

政府は2024年9月、「景気は、一部に足踏みが残るものの、緩やかに回復している」と発表した。日本銀行が同じタイミングで個人を対象に実施したアンケート調査では、景気が「良くなった」と回答した人は10人に1人に満たず、「悪くなった」が半数以上を占めていた。日々の暮らし向きを尋ねると、「ゆとりがなくなってきた」との回答がやはり半数以上に達した。

これでは国民は政府の公式見解を信用できなくなる。まさに「実感なき景気回復」という表現がぴったり合う状況なのだ。

「実感なき景気回復」という言葉をよく耳にするようになったのは、2000年代に入ってからだ。それ以前は、景気が回復すれば多くの国民がそれを実感し、暮らし向きも良くなっていたのだろうか。

政府の判断と国民の実感がずれるようになったのはなぜか。このような状況では政府の判断が誤っているか、あるいは実際には景気は回復していないのに、意図して回復していると発表しているのではないか、と疑う人もいるかもしれない。

それとも、国民の側に問題があるのか。政府の判断は間違っていないが、国民の側の要求水準が高くなり、景気が回復しても実感に結び付かなくなったのだといった解釈も成り立ちそうだ。

どちらの見解にも一理ある。政府の景気判断が誤っていたと後になって分かることは多々ある。国民の「実感」にも不確かな面はあるだろう。しかし、問題の本質はそこにはないとみている。

筆者は、政府が「景気は回復している」と正しく判断できているときでも、国民がそれを実感できない状態が続く現実に注目している。

政府も国民も現実を正しく認識しているにもかかわらず、日本経済の構造が大きく変化するうちに両者の認識がずれるようになり、相互の信頼関係が崩れ、とりわけ国民の側の不満が大きくなっているのではないだろうか。

「景気」や「成長」という言葉自体にも、認識のずれを生む原因が潜んでいると筆者は考える。日本の経済構造が変化する中で、景気や成長という言葉を使うときには、慎重な態度が求められるようになっている。

本書では、どんな構造変化が起きているのかを解明しつつ、政府と国民の間に認識のずれが広がっている背景に迫る。

筆者は現在、大学や研究機関の仕事を手伝いながら、研究・教育や執筆活動に取り組んでいる。これまで主に経済をテーマとする著作を手掛けてきたが、中立性と客観性を常に意識するように心がけている。経済の捉え方や分析の手法には様々な流儀があり、経済の現状認識や経済政策を巡る論争は平行線をたどりがちだ。筆者は、経済問題を解説・論評する際には、「特定の立場に与せず、できるだけ多くの材料を集め、正確な情報を伝える」という基本姿勢を大切にしているつもりだ。特定の立場に与しない自由で公平な記述こそが、結局は多くの人々のためになると考えている。

ただ、どんな問題を扱うにしても「完全な中立性」を貫くのは不可能である。政府の公式見解、専門家の見方、様々なデータや経済理論などを参考にしながら、できる限り中立の立場で記述するように心がけたが、随所で筆者自身の見解も披露している。

「景気回復」を実感できず、袋小路に迷い込んだように見える多くの人々が少しでも「豊かさ」を実感できるようになる手立てはないのか。袋小路から脱出するための、ささやかなヒントを提供する書になればと願いつつ執筆した。

なお登場人物の敬称は略した。

第1章　「景気」とは何か

†「景気」は経済用語か？

「景気」はネットや新聞、テレビのニュースなどで頻繁に見たり聞いたりする言葉の一つである。日常生活の中でこの言葉を口にする人は限られるかもしれないが、景気の現状や先行きに関心を持っている人は多いだろう。

それでは、景気とは何かと問われると、明確に説明できるだろうか。筆者は景気には関心を持ち続けてきたが、景気という言葉自体に特別な思い入れはなかった。知覚や感覚が刺激を受ける言葉でもなく、従来、言葉の意味を深く考えずに使ってきた。

しかし本書のテーマはその「景気」である。本題に入る前に、景気という言葉の意味を確認しておくのが筆者としての務めだと考え、辞典に当たって調べてみた。回り道になるが、まず調査の結果を報告する。
景気の意味を調べてみると、ある国語辞典（三省堂）には、「①（活発・不活発の点から見た）物事の活動状態（のいいこと）。狭義では、経済面のそれを指す。②＝威勢。」という説明が載っている。

②の使用例として、景気のいい声、景気を付ける（＝気勢の上がらない状態にある人に、何か刺激を与えて元気を出すように仕向ける）を挙げている。

景気は経済用語だと理解している人は多いだろう。実は物事の状態を表現する、広い意味を持つ言葉だと分かる。物事の活動状態は、良いときもあれば、悪いときもあるが、何も注釈を付けなければ良い状態を意味するようだ。

②の意味で使う場合は、さらにその傾向が強まる。人間の元気さ、活発さを指す前向きな言葉なのだ。

ただ、筆者には②の使い方をしている人に出会った経験はない。昭和時代のドラマで会社員が同僚に「景気付けに一杯やりますか？」と声をかけ、一緒に酒を飲みに行くシーンを見た記憶があるが、記憶は定かではない。

この話題を筆者より少し年上の方に振ってみると、昭和時代を代表する歌手、美空《みそら》ひばりのヒット曲「お祭りマンボ」（1952年発売）の中にそんなフレーズがあると教えられた。確認してみると、このような歌詞だった。

私の隣のおじさんは
神田の生まれでチャキチャキ江戸っ子
お祭りさわぎが大好きで
ねじり鉢巻揃いの浴衣
雨が降ろうがヤリが降ろうが
朝から晩までおみこしかついで
ワッショイ　ワッショイ
ワッショイ　ワッショイ
景気をつけろ　塩まいておくれ
ワッショイ　ワッショイ
ワッショイ　ワッショイ
ソーレ　ソレソレ　お祭りだ

確かに出てきた。日常生活でごく普通に使う言葉だったのだろう。

念のため、別の国語辞典（旺文社）も調べてみると、「①社会の経済状態。商売・取引などの情況。②はつらつとした動きや力。威勢。」とある。こちらも二種類の意味を挙げている。

②の使い方は、最初の辞典とほぼ同じだが、①は経済に絞った説明になっている。「社会の経済状態」とは、やや分かりづらい表現だが、経済全体（マクロ）の状態を指している。一方、「商売・取引などの情況」とは、個人や企業の経済活動や利益の状態、つまりミクロの状態を表現している。マクロとミクロの両方の使い方があるのだ。

最後に広辞苑・第七版（岩波書店）に当たってみる。「①様子。けはい。ありさま。景況。②景観。景色。また、景観を添えるもの。③和歌・連歌・俳諧で、景色や情景をありのままに詠むこと。景曲。④人気。評判。⑤元気。威勢がよいこと。⑥売買・取引などの経済活動の状況。特に、活発な状態。好景気。」と続く。ちなみに①にある「景況」を調べると、「物事のうつりゆくありさま。そのあたりの様子。景気。」という説明が載っている。

広辞苑は、複数の意味があるときは、もともとの古い意味（語源）に近い順に記載する原則を設けている。先に調べた二冊の国語辞典には、広辞苑が示す⑤と⑥の意味だけが載っている。新しく生まれてきた二つの意味が現代用語として生き残り、現在でもよく使われていると解釈できる。景気という言葉は経済の専門用語ではなかったのだ。

†経済活動の動向を示す

国語辞典には載っていなかったが、景気を経済用語として使うときには、特定の業種の状態を指して使う用法もある。「ガチャマン景気」は一例だ。1950年に朝鮮戦争が勃発したとき、「朝鮮特需」と呼ばれる特別な需要が発生して日本の輸出が増え、景気が拡大した。

「織機《しょつき》を使ってガチャンと織れば万（マン）の金が儲かる」という当時よく使われた表現を略した用語が普及した。

「ガチャマン景気」には「糸偏景気」という別名もある。繊維や紡績など糸偏の付く漢字の業種が輸出を主導したためだ。

このように、経済用語としての「景気」は、経済全体、産業、個々の企業や個人といった様々なレベルの活動状態を表す言葉なのである。

様々な意味のうち、政府が景気の状態を判断する、というときの「景気」は、経済全体の状態を指す。経済学者やエコノミストが景気について論じたり、分析したりする対象もたいていはマクロの景気だ。

官庁エコノミストから大学教授に転じた小峰隆夫《こみねたかお》は『世の中の見方が変わる経済学』で、大学受験予備校での講義で高校生に今の日本経済は「景気が良い」と思うか、それとも「悪い」と思うかと質問したエピソードを紹介している。（小峰にはマクロ経済や景気に関する数多くの著書があり、本書では随所で参照・引用している）

何と全員が「悪い」と回答した。その理由を尋ねたところ、「新聞やニュースを見て、物価が上がっているのに、賃金は上がらず、生活に困っている人が多いといったことを知ったから」、「多くの人が経済の先行きに不安を抱いていると感じたから」、「日本経済には、社会保障、少子化、財政赤字などいろいろな問題があると思ったから」といった答えが返ってきた。

小峰は「高校生は日本経済には難しい問題がたくさんあるから、景気が良いとはとても言えないと考えたようだ」と推測し、高校生だけではなく一般の人でもそう考えている人は少なくないとの見方を示している。

そのうえで「景気」とは「経済活動全般の動向」であり、「経済に問題があるかどうか」とは違うのだと注意を喚起している。

繰り返しになるが、景気は幅広い意味を持つ言葉である。日常用語としても普及しているだけに、定義を確認せずに、あるいは意味を取り違えたまま使っている人もいるかもしれない。

†経済と人体は違う

景気をテーマとする著作は数多くあるが、「景気とは経済の活動全般の状態」と定義して議論を進めるか、マクロの景気とミクロの景気を区別したうえでマクロの景気を中心に話を展開する著作がほとんどだ。

本書も、基本的にはマクロの景気を中心に話を進めるが、ミクロの景気も重要であると強調しておきたい。私たちが日常生活の中で「景気」を話題にしたり、意識したりするときに思い浮かべるのはむしろミクロの景気だからだ。

話を先に進める前に、景気という言葉の使い方についてもう一言付け加えておきたい。

現代では、経済活動の状態を示す「景気」と、人間の威勢の良さやはつらつとした状態を表す「景気」の二つが主な用法だと確認した。両者には似た響きがあるが、経済と人間の「景気」は当然ながら同じではない。

国全体の経済活動が活発かどうかは、経済指標などをチェックすればある程度、厳密に判定できる。次章以降で改めて説明するが、政府による景気判断は機械的な作業ではなく、ときには判断を誤ることもあるが、どんな経済指標を参考にするのかなど、判断の材料集めには決まったやり方がある。

一方、人間も健康診断などを受ければ様々なデータを得られるが、「威勢の良さ」を客観的に判断するのは難しいだろう。

経済も人間も調子が良ければそれに越したことはないが、人間は無理をしてでも「元気さ」や「威勢の良さ」を装うことがある。周りから実際にそう見られ、そうしているうちに、本当に元気になるかもしれない。

景気は人間の「体調」のようなものだ、とたとえる人もいる。人間の体調が変化するように経済の状態も変化するという説明を聞くと何となく分かった気になる。

体調が良いと「威勢の良さ」や「元気さ」となって表れる人は多いだろう。「威勢の良さ」や「元気さ」という本来の意味から「体調」という比喩が浮かんだのかもしれない。

ただ、「威勢の良さ」や「元気さ」と「体調」は同じではない。ましてや「経済の状況」とは似て非なる使い方であり、同じ次元で捉えるのはやや乱暴だ。

経済の仕組みを説明するとき、個々の人間の動きに関連付けたり、人間の体にたとえたりすると理解しやすい面があるのは確かだ。お金＝血液、金利＝体温、金融システム＝血管、銀行＝心臓など、景気＝体調以外にもいろいろな例がある。

経済と人体や人間を結びつける発想には、経済学が産声を上げる前に経済の研究を始めたイギリスのウィリアム・ペティ、フランスのフランソワ・ケネー以来の長い伝統がある。ペティはもともと解剖学の教授、ケネーは外科医だった。二人に影響を与えたのはイギリスの外科医、ウィリアム・ハーベーだ。彼は1628年、動物の生体解剖によって循環器や血液循環のメカニズムを解明し、知識層に大きな影響を与えていた。ペティとケネーは、人体における血液の循環と、経済の流れを同じように捉えられると考え、経済の仕組みを解き明かそうとした。

様々な比喩は理解の助けにはなるが、経済現象を何かにつけ人間に関連付け、個々の人間に還元する発想の背後には、人間の能力に対する過信や驕りが隠れているのではないだろうか。

†気分だけで景気は変わらない

「景気は気から」という言葉にもそんな側面がある。「景気は経済用語だが、半分は「気」からなっている。「気」は人間の気分を表しており、景気を大きく左右する。したがって、人間の気分が良くなれば景気も良くなる。景気を良くするために、前向きな気持ちを持って頑張ろう」という呼び掛けもよく耳にする。

ネットには同様な文章や記事があふれている。（以下は概略の抜粋であり、原文通りではない）

「景気」という語が持つ意味から考えると、景気を良くするためには、政府による経済政策などが重要だが、やはり「元気」、世の中の明るい空気も非常に重要だと分かる。「病は気から」ということわざとも少し似ている。

景気は心理的な要因によっても大きく左右される。経済活動を活発にするためには多くの人のマインドが改善していかなければならない。マインドが改善すればさらに経済に好循環が生まれる。ただし、人びとの意識は相対的なものであり、経済活動が高い水準にあっても、潜在的にはもっと出来るはずだと考えていれば、マインドは低くなりがちだ。

景気は特定の事象を指すものではなく、漠然と世の中に漂う雰囲気ともいえ、捉えどころがない。そこで、景気に対する企業経営者の意識を捉え、経済活動の状況を理解するようにしている。

株式相場に関するニュースを見ていると、「～を好感する」、「～を嫌気する」という表現をよく見かける。ある企業が新商品を発売するなどのニュースが伝えられると、人はまさにそのニュースを「好感」し、その企業の株を買い、株価が上昇する。人々の「気」がどう変わるかで数字が動き、景気が良くなったり、悪くなったりする。数字だけを見ていると株取引は難しいと感じていたが、人々がどのように感じているかを知ると、株の動きの理解につながると分かり、「株」に「気持ち」を寄せられるようになってきた。

†鴨長明が見た「景気」

このように「景気は気から」という言葉に引き付けられる人は多いのだが、広辞苑を見る限りでは、人間の「気分」を表す用法は見つからない。威勢の良さや元気さは人間の状態を指しているが、人間の内面や心理状態を表しているわけではない。

私たちはいつから景気を人間の「気分」と結びつけるようになったのか。起源は定かではないが、鴨長明《かものちょうめい》の『方丈記《ほうじょうき》』にそうした用法が見られるとの説もある。

方丈記の発刊年である1212年は鎌倉時代の初期に当たる。方丈記は「人の世は無常であり、はかない」と説くエッセイ文学だ。方丈は一丈（約3m）四方の部屋の意で、寺院の住職や長老の居室を指す。方丈記（原文は『新訂　方丈記』から引用）は以下の有名な一文から始まる。

ゆく河の流れは絶えずして、しかももとの水にあらず。よどみに浮ぶうたかたは、かつ消えかつ結びて、久しくとゞまりたるためしなし。世中《よのなか》にある人と栖《すみか》と、又かくのごとし。

現代語訳　川の流れは一瞬も休まず、元の位置にはとどまらない。川の流れがない淀《よど》みに浮かぶ泡は、消えたり生まれたりして、長く残っているものはない。世の中にある人と家も、またこのようなものである。

一族の権力争いに巻き込まれて大きな挫折を経験した長明は54歳のとき、京都郊外の里山に方丈の庵（いおり＝粗末な家）を建てて引っ越した。必要に応じて京の街に出かけることもでき、歌壇《かだん》との交流を続けながら著作に励んだ。

方丈記の前半は、現実にあった大火や飢饉《ききん》、大地震などの天変地異の記録であり、仏教的な無常観に貫かれている。どんな土地を選んだら、しばしの間でも身を安住させ、どんな仕事を選んだら、つかの間でも心安らかに過ごせるだろうか、という嘆《なげ》きで前半を終えている。

「景気」は後半に登場する。自分が住んできた家の変遷や、出家に至った経緯を説明し、人里離れた方丈の庵を取り巻く環境や生活について述べている場面だ。引用してみよう。

山鳥のほろと鳴くを聞きても、父か母かと疑ひ、峰のかせぎ（＝鹿）の近くなれたるにつけても、世に遠ざかるほどを知る。或《あるい》は又、埋《うず》み火をかきおこして、老《おい》のねざめの友とす。恐ろしき山ならねば、ふくろふの声をあはれむにつけても、山中の景気、折につけて尽くる事なし。いはむや、深く思ひ、深く知らむ人のためには、これにしも限るべからず。

現代語訳　山鳥がホロと鳴く声を聞くと、我が父か母かと耳を疑い、峰の鹿が慣れて近寄ってくるにつけても、いかに世間から遠ざかっているのか分かる。ある時はまた、灰の中に埋めた炭火をかきおこして、年老いて目覚めがちな夜の友とする。恐ろしい深山《しんざん》ではないので、梟の鳴き声をしみじみ聞くにつけても、山中の風景は四季折々で飽きることはない。ましてや、情緒をもっと深く感じ、もっと深い感性を持っている人にとっては、これだけに限らないだろう。

「山中の景気」以下の部分に絞り、別の現代語訳も見てみよう。

山の中の雰囲気は、季節ごとに尽きる事ない味わいがある。まして私のような無風流《ぶふうりゆう》なものでなく、物のあわれを知った人ならば、格別なものがあるだろう。

方丈記に登場する「山中の景気」の前後にある記述を自然体で読めば、世を捨てた長明が山中の風景（あるいは雰囲気）の移り変わりを楽しみながら、心穏やかに暮らしている姿が浮かぶ。

この一節は「景気は気から」に通じると主張する人がいる。方丈記に出てくる「景気」は鴨長明が「周りの景色を見たあとの気分」のことであり、現代風に言えば「経済は上向くという気分」だと言うのだ。

†人に見立てた経済に夢を抱く

こんな見方もある。景気は元来、風景画（山水画）で使われた用語で、風景が良いところには景気（周囲の景色の精力や力）がみなぎっていると表現した。経済面から見ると、「風景」は売買や取引といった経済活動に当たり、「景気」は経済活動に従事する人びとの精力や力を意味する。経済活動という「風景」が良いところには、人びとの精力や力という

「景気」がみなぎっていると言い換えられるようになったという説である。

世捨て人となった長明が仮に山の風景に「活力」を感じたとしても、山の風景に自分の心理や気分を重ね合わせていたようには思えない。ましてや、「みんなの気分が上向けば景気が良くなる」といった世界とは対極にある世界で暮らしていたのではないか。方丈記は、この世への執着を捨てて安らかに生きる日常を綴ったうえで、「実はそういう自分は執着を捨て切れていないのでは」という深遠な問いかけで終わる。この作品の中に「景気は気から」に通じる要素を読み取るのは強引だと言わざるを得ない。

このように「景気は気から」の起源は、はっきりしないが、現在の日本で普及している経済用語としての「景気」は実体経済の動向だけではなく、世間一般の社会心理を含めて捉えるのが一般的だ。そもそもこの言葉は日本独自の用語であり、英語など他言語には正確に合致する単語はないとも言われている。

「景気は気から」という言葉にはもちろん真理が含まれているが、語源もはっきりしない「気分」の要素を強調しすぎると、「景気」に対する理解の妨《さまた》げになるのではないだろうか。

本書のもう一つのキーワードである「実感」の意味も確認しておきたい。

広辞苑では、「（想像・空想に対して）実物に接して起こる感じ。また、実際に経験しているかのような生き生きとした感じ。」と説明している。

政府が「景気は回復している」と判断しているとき、給料が増えるなどの形で恩恵を受ければ、国民は「景気回復を実感している」と回答するだろう。そうした経験がないからこそ、多くの国民が景気回復を実感できないのだ。

少し回り道になるが、「成長」という言葉の使い方にも触れておく。マクロ経済学の二本柱は「景気循環理論」と「経済成長理論」だと述べたが、「成長」は「景気」以上に私たちに大きな影響を及ぼしている言葉である。

成長の意味も先ほどと同じ国語辞典で調べてみる。

一冊目の辞典には、「からだや心が育って、一人前の状態に・なる（近づく）こと。」という説明が載っている。この文章には主語がないが、心、一人前という表現を使っているので、人間が主語であると分かる。

二冊目はどうか。「人や動物などが育って成熟すること。大人になること。」とあり、こちらは人間だけではなく、動物も含めている。さらに、「比喩的に経済成長率、企業の成長などとも使われる。」と補足している。

最後に広辞苑に当たってみる。「育って大きくなること。育って成熟すること。」と簡潔に説明し、用例として子供の成長と経済成長を挙げている。

このように日本語の「成長」は人間や動物が子供から大人へと変化する様子を指す。経済や企業が大きくなっていく様子は、人間や動物が成長する姿に似ているため、経済成長や企業の成長といった用法が生まれたのだ。

念のため、成長の英語表記にあたるgrowthの意味も英和辞典（三省堂）で調べてみる。経済学の発祥の地はイギリスであり、現在の中心地はアメリカだ。英語のgrowthにはどんな用法があるのだろうか。
①（経済・産業・組織などの）発展、発達、伸張、（感情・思想・生活様式などの）進展、重要性の高まり、②（数量・大きさ・程度などの）増加、増大、③（人・動植物・細胞などの）成長、発育、（細胞・血管などの）増殖、形成、（人の精神的な）成長、発達、形成、と解説している。①の用例の中にeconomic growth（経済成長）がある。
一つの単語が複数の意味を持つ場合、この英和辞典は使用頻度が高い順に並べている。英語のgrowthを使うときは人間や動植物よりも、経済や産業を対象にする方が多いのだろうか。

どちらの用法が古いのかはここでは問題にしない。日本語でも英語でも、人間（あるいは動植物）と経済が伸びていく姿をともに「成長」と表現する点に注目したい。そこで指摘したいのは、人間の成長と経済の成長は似ている面があるが、異なる面もあるという当たり前の事実である。

私たちは無意識のうちに両者のイメージを重ね合わせ、経済成長に対して現実離れした夢を抱きがちなのではないだろうか。

人は老いるが経済は成長を止めない

人間が誕生し、子供から大人へと成長していくのは素晴らしい過程だ。アメリカの心理学者、エリク・H・エリクソンは人生を八つの発達段階に区分した。

乳児期（親との関係を通じて、周囲に対する信頼を学ぶ）、幼児期（身の回りのことを自分で成し遂げ、自律性を身につける）、児童期（周囲に対する好奇心を持ち、積極性を身につける）、学童期（能力を高め、周囲の承認を得る喜びや達成感を知る）、青年期（自分は何者であるのかという意識を確立し、自分自身の生き方を形成する）、成人期（アイデンティティを確立したうえで周囲の人間と親密な関係を構築する）、壮年期（社会存続のために、次世代の人材を育成する必要性に気づく）、老年期（自分の人生を肯定し、円満な人格を実現する）

この区分はあくまでも類型であり、当然ながら個人差はあるだろう。各期の特徴にも異論が出るかもしれない。エリクソンは青年期の終わりを22歳、成人期を40歳まで、壮年期を65歳まで、65歳以上を老年期としているが、「人生100年時代」とも言われる現在、年齢の区分にも議論の余地がある。

そもそも近代以前の社会では、子供は元服《げんぷく》などの通過儀礼（イニシエーション）を経ていきなり成人（おとな）の仲間入りをしていた。子供から大人への移行期にあたる「青年期」の存在は考慮されず、子供たちは家の中で親の生き方を見ながら、大人になる準備をしていた。

しかし、近代化を経て複雑になった現代社会では、家の中だけで大人になるための準備をするのは難しくなった。大人になるまでの準備期間として「青年期」が生まれたのだ。社会が複雑になればなるほど、社会に適応するための知識や技術は高度になり、習得するのに時間がかかる。「青年期」は長くなる傾向にある。

近年は、成人期に入った後も「学び」が大切になってきている。日本政府は「リカレント教育」や「リスキリング」を推進している。リカレントとは英語で、「繰り返す」、「循環する」という意味である。学校教育から離れた後も、必要なタイミングで再び教育を受

け、就労と教育のサイクルを繰り返す。

リスキリングとは、新しい職業に就くために、あるいは、今の職業で必要とされるスキルの大幅な変化に適応するために、必要なスキルを獲得する行為を指す。年齢を重ねても「青年期」と同様な努力が必要な時代になっているのかもしれない。人間は生涯を通じて成長するのだという意識を持ち、人生全体を前向きに捉えることもできるだろう。

ただし、「人間の成長」と言うときの本来の意味は、「子供から大人になること」であり、大人になれば成長は終わる。人間が誕生した瞬間から様々な能力を高め、社会性を身につけながら成人（大人）になっていく道筋が「成長」なのだ。「すくすくと成長する」子供たちを見て喜びを感じる人は多いだろう。

そして、大人になった人間は、エリクソンによれば、やがて壮年期や老年期を迎える。壮年期は次世代の人材育成に注力し、老年期は悟りの境地のような心理状態に至る。

人間と並べられがちな経済はどのように成長するのだろうか。人間は誕生後に身長が伸びるが、いつまでも伸び続けるわけではない。

一方、経済の成長には終わりがない。一国経済の規模を測る代表的な指標は国内総生産（GDP）だ。経済活動が活発になればなるほどGDPは大きくなり、経済は成長する。不況で前の年よりも経済規模が小さくなり、マイナス成長に陥《おちい》ることもあるが、長い歴史を振り返れば、世界全体で経済の規模は拡大し続けてきた。日本をはじめとする先進諸国は低成長の時代を迎えているが、マイナス成長となった年は全体から見ると少ない。

✝人間中心主義への批判

視野を「人類」に広げ、人間は世代交代を続けながら進歩・発展を続けてきたとみる歴史観を「進歩史観」と呼ぶ。進歩史観に立てば、人間も経済と同様に長い歴史の中で成長を続けてきたとの見方が成立する。人間の意識の底には何らかの歴史観があり、個々の人生観にも影響を与えている。現代において進歩史観は瓦解しつつあるとの見方もあるが、なお有力な歴史観ではある。

それでも、たいていの人は「永遠の成長」を前提とした人生設計はしていないだろう。人類と経済は成長し続けているのかもしれないが、どんな人間でも壮年期や老年期を経て死に至る。人間と経済は本質的に異なる存在なのだ。

にもかかわらず、子供が成長する姿を思い浮かべながら、日本経済に同じような成長を期待していないだろうか。その反対に、成熟期に入った人の姿を想像し、「日本はこれまで十分に頑張って高い水準にあるのだから、もう成長を目指さなくてもよい」と唱えていないだろうか。

経済と人間は深い関係にある。人間が活動すればこそ経済が回るのは確かだが、何かにつけて個々の人間の動きに還元したり、人間の体にたとえたりすると、認識が曇りかねない。それを承知で突き進んできたのが経済学である。

東京大学名誉教授の岩井克人《いわいかつひと》は、経済学における「人間中心主義」を批判する。経済学の父と呼ばれるアダム・スミスは『国富論《こくふろん》』（1776）の冒頭に「どの国でも、その国の国民が年間に行う労働こそが、生活の必需品として、生活を豊かにする利便品として、国民が年間に消費するもののすべてを生み出す源泉である。消費する必需品と利便品はみな、国内の労働による直接の生産物か、そうした生産物を使って外国から購入したものである。」（山岡洋一《やまおかよういち》訳）と記している。

人間の労働こそ国富の源泉であるという主張であり、経済学は労働する人間を資本主義社会の中心にすえて出発したのだ。

こうした考え方は「労働価値説」と呼ばれ、古典派経済学を発展させたデイヴィッド・リカードやマルクス経済学の始祖であるカール・マルクスへと引き継がれた。「あらゆる商品の交換価値はその生産に直接的にあるいは間接的に投入された労働の量によって決まる」とみる仮説である。

現代経済学の主流となっている「新古典派経済学」は異なる論理を展開する。個人の主観的な効用（満足度）を価値の基準とし、どれだけ労働力を提供し、どれだけ財やサービスを需要するのかを選択する人間（消費者）が経済で中心的な役割を果たす。一国の富は消費者主権の立場から評価され、その蓄積も長期の視野を持つ消費者の合理的な貯蓄活動によって決まると考える。「限界効用理論（主観価値説）」と呼ばれる仮説だ。

岩井は、新古典派経済学は古典派経済学やマルクス経済学よりも複雑な理論構成になっているが、人間中心主義であるという点では思考の枠組みを共有しているとみる。そして、「古典派経済学にしたがおうとマルクス経済学にしたがおうと新古典派経済学にしたがおうと、資本主義をめぐるわたしたちの言説は人間中心主義によってずっと支配されてきた。」と断じる。

岩井によれば、人間中心主義の根底には「普遍的なる人間」という観念がある。世界資本主義の下で生まれた観念であり、太古のメソポタミアや古代ギリシャに萌芽が見られ、本格的には15、16世紀のヨーロッパの大航海時代から普及していく。

†成長のための成長を求める資本主義

世界資本主義の下では、共同体や国家の間で貿易が成立し、この世のすべてのものは「交換される価値」として普遍性を持つようになる。人間中心主義とは、「普遍的な価値」の背後に、それを創造した「普遍的な人間」の存在を想定するイデオロギーだという。

ヨーロッパ人がイメージする「普遍的な人間」の典型は、18世紀に刊行されたダニエル・デフォーの小説に登場するロビンソン・クルーソーだ。船乗りのロビンソンは船が難破して無人島に漂着する。彼は計画的かつ勤勉に自力で畑と家を作り、一人で生活する。自分で自分をすべてコントロールし、合理的に行動できる人間の代表である。

岩井は人間中心主義のイデオロギーにとらわれない独自の経済理論(「不均衡動学」と呼ぶ)を構築し、新古典派経済学を批判してきた。資本主義は、「差異」から利潤が生まれるという共通の原理に従うメカニズムだと唱えている。例えば、二つの地域の間で、ある商品の価値(交換比率)に差があるとき、その商品を安い場所で買い、高い場所で売れば利益を得られる。これが「差異の原理」を応用した最も単純な取引だ。

実は「労働価値説」や「限界効用理論」が通用するように見えた時代でも、資本主義は

「差異の原理」に従っていた。資本主義は成長のために成長していくという自己目的を持つメカニズムであり、自立した個人など必要ではない。良心も気まぐれ心も持たない法人という抽象的な存在の方がはるかに効率的でさえあると指摘する。

個々の人間は資本主義経済の主役ではなく、「差異の原理」の中で動かされてきたにすぎないとみる人間観は、人間中心主義にとらわれがちな私たちに反省を迫る。

岩井の議論を敷衍してみよう。人間中心主義とは、資本主義の中心に陣取って経済を動かしているのは人間だという考え方である。発祥の地は西ヨーロッパであり、世界中に広がった。経済活動は自然資源を必要とするが、人間は自由に自然環境に手を加え、経済規模を拡大させ、豊かな生活を手に入れる権利を持つと考える。

この考え方は世界中に根付き、経済を分析する学問である「経済学」の根幹を成している。現在の主流である新古典派経済学の主役は「個々の人間」だ。別名を「ホモ・エコノミクス」(経済人)と言う。個々の人間は合理的な選択を重ね、市場は全体として「均衡状態」に落ち着くとみる仮説を提唱している。

この仮説が想定している人間(経済主体とも呼ぶ)は個々に行動するが、行動原理は同じだ。個人は自分の効用(満足度)を、企業は自己の利益を最大にするように合理的に行動する。経済学ではこうした経済主体を「代表的な個人」と表現し、議論の出発点にしている。つまりロビンソン・クルーソーのようなタイプの人間を「代表的」だと見なし、その行動パターンを詳細に分析する。

†ロビンソン・クルーソーなんていない

人間中心主義の発想は私たちの思考の奥深くに入り込んでいる。世界資本主義にがっちり組み込まれ、グローバル経済の中で生活している日本人の多くは、すっかりこの考え方になじんでいるように見える。

主流派の経済学者たちが唱えるように、人間中心主義に従っていれば世の中が「均衡状態」に落ち着くのなら、人間にとってこれほど心地良い世界はないだろう。個々の人間が合理的に行動していれば世の中全体が丸く収まるのなら、それに越したことはない。

景気や経済についても同様だ。人間中心主義の世界では、個々の人間がやる気を出し、儲けを増やそうとして努力すれば企業は栄え、景気が拡大して経済は成長し、国全体のパイが大きくなる。そこに住む人たちは総じて豊かになる。

経済学者たちは、市場が十分に機能しない「市場の失敗」に焦点を当てたり、環境問題など市場の外部からの影響を「外部経済・不経済」として分析したりもするが、個人の合理的な選択を起点に議論を組み立てるという決まりごとからは離れようとしない。

今の日本にも、自分の能力に自信を持ち、やる気や頑張りが実を結んで生活水準が上がり、豊かな生活を送っていると自らの成功を実感している人は数多くいるだろう。

しかし、こうした人は決して「代表的な個人」ではないのが現実だ。現実の世界では、「均衡」どころか、世界中で様々な混乱や問題が生じ、個々の人間の手には負えない事態に陥っている。それでも人間中心主義に固執しているうちに個人から企業や経済へと向かっていた矢印の方向は逆向きになる。

日本経済が低迷しているのは企業の努力が足りないからだ。企業の業績が低迷しているのは個人の努力や頑張りが足りないからだ、と個人に矛先が向いてくる。中間段階の企業の利益はそれなりに増えている場合でも、個人の賃金が上がらないのは、その個人に何らかの原因があり、自己責任だという理屈で納得させられる。

こんな事態を少しでも改善するにはどうすれば良いのか。政府には出番はないのか。この問題は、第6章で改めて取り上げる。

†自分や家族の生活が一大事

寄り道が長くなったが、本題に戻ろう。民間研究所などが主催する「景気討論会」には多くの聴衆が集まる。討論会に参加する有識者や経営者らは景気の現状と先行きをどのようにみているのかを巡って議論する。討論する対象は主にマクロの景気だ。マクロの景気動向を頭に入れておけば、ビジネスや株式売買などミクロの行動に役立つと考えて参加している人が多いのだろう。

それでは、街頭で「景気はどうですか」という質問を受けるとき、質問者が念頭に置いている「景気」はマクロの景気とミクロの景気のどちらなのか。あるいは「あなたは元気ですか」という意味で質問しているのか。

一例を挙げよう。日本銀行は全国の個人を対象に「生活意識に関するアンケート調査」を実施し、結果を公表している。本書の「はじめに」で言及したのはこの調査である。満20歳以上の個人4000人を対象にしており、小峰が指摘するような意味の取り違えを心配する必要はなさそうだが、国全体、産業、個人のどのレベルで景気を捉えているのかは回答者によって異なる。

2024年9月調査によると、現在の景気が一年前と比べて「良くなった」と回答した人は6・9%、「変わらない」が37・5%、「悪くなった」が55・1%。24年3月調査と比べると、「良くなった」の割合が低くなり、「悪くなった」の割合が高くなっている。景気が「良くなった」(回復していると言い換えて良いだろう)と感じている人は10人に1人もいない。

この調査では「暮らし向き」も尋ねている。9月調査では、現在の暮らし向きに「ゆとりが出てきた」は5・3%、「どちらとも言えない」が41・3%、「ゆとりがなくなってきた」が52・7%。

調査では最初の質問で現在の景況感を確認するとともに、景気判断の根拠についても複数回答で尋ねている。

「自分や家族の収入の状況から」が圧倒的に多く、明らかにミクロの景気を判断の根拠にしている。これこそが個々人の景気の「実感」といえるだろう。

以下、「マスコミ報道を通じて」、「勤め先や自分の店の経営状況から」、「商店街、繁華街などの混み具合をみて」、「景気関連指標、経済統計をみて」と続く。マクロの景気を視野に入れて回答する人も多いが、ミクロの景気判断を補足する材料としている様子が分かる。

この調査に限らず、「景気はどうですか？」と尋ねられたら、多くの人は「日本全体の景気」ではなく、自分の収入や勤め先の好不調といった「自分にとっての景気」を判断基準に回答するのではないか。

「自分や家族の収入の状況」は悪くなっているが、「日本全体を見れば景気は良くなっている」と判断して「景気は良くなっている」と回答する人はほとんどいないだろう。質問する側も、経済全体の状態を判断して回答してほしいわけではない。

†人それぞれの景況感

マクロの景気とミクロの景気を区別して説明してきたが、両者は密接に関連している。日本で経済活動をしている個人や企業（ミクロ）の集合体が日本経済（マクロ）にほかならない。したがって、ミクロの景況感を積み上げて集計すれば、本来ならマクロの景況感がつかめるはずだが、両者にずれが生じている。

内閣府の「景気ウォッチャー調査」もミクロの景況感を積み上げている。地域の景気に関連の深い動きを観察できる立場の人々に対する調査であり、「街角景気」とも呼ばれている。内閣府は景気判断の基礎資料にしていると説明している。

百貨店、スーパーマーケット、コンビニなどの小売店やレジャー関連業界で働く人、タクシー運転手ら景気に敏感な職種の約2000人を調査している。

調査票を見よう。「今月のあなたの身の回りの景気は、3カ月前と比べて良くなっていると思いますか、悪くなっていると思いますか」と問いかけ、「良くなっている」、「やや良くなっている」、「変わらない」、「やや悪くなっている」、「悪くなっている」の5段階で回答を求めている。

5段階の判断に、それぞれ点数を付け、各回答区分の構成比(%)を掛けて「現状判断DI」を算出する。DIはディフュージョン・インデックスの略で、変化の方向性を示す指標だ。「良い」、「悪い」といったアンケート調査結果をまとめる方法の一つであり、業況感を指数で表す。

質問票には、今後、2、3カ月先の景気見通しを問う欄もあり、回答を基に2、3カ月先の見通しを示す「先行き判断DI」を算出する。内閣府は現状判断DIと先行き判断DIを家計動向、企業動向、雇用関連に分けて発表している。DIの数値は50が横ばいを表し、これを上回ると「景気が良くなっている」、下回ると「景気が悪くなっている」と感じる人が多いことを示す。

質問の時点で「あなたの身の回りの」と断っており、ミクロの景気を意識した回答を求めている。

２０２４年９月調査では、現状判断ＤＩは47・８となり、４カ月ぶりに低下した。内閣府は「景気は、緩やかな回復基調が続いている」とまとめている。ＤＩは低下したものの、全国各地のミクロの景況感を積み上げた結果を見て、景気は回復基調を維持していると判断したのだ。

調査の時期は少しずれるが、その他の調査も見てみよう。厚生労働省の「国民生活基礎調査」（２０２３年版）によると、全世帯のうち生活が「大変苦しい」と「やや苦しい」の合計が59・６％に達した。23年を含めた過去５年間のデータを確認すると、いずれの年も「大変苦しい」と「やや苦しい」の合計が50％を超えている。

内閣府が23年11月から12月に実施した「国民生活に関する世論調査」では、前の年に比べた「生活の向上感」を尋ねている。有効回答（３０７６人）のうち、「同じようなもの」が58・３％、「低下している」が35・９％、「向上している」は５・４％だった。

ここで本書の冒頭で示した疑問に戻る。政府は、景気は回復していると判断しているのに、多くの人がそう感じていないのはなぜなのか。

景気の様々な局面をどう表現するのかは、第2章で改めて説明するが、景気が回復している時期には経済活動が全体として活発になっているはずだ。この状態を「好況」と表現する。以下は空想の世界だ。

経済全体で見ると、モノやサービスの売買が活発になり、企業の売り上げや利益が増えている。働く人の賃金も上がり、モノやサービスの売買がさらに活発になる。そしてまた企業の売り上げや利益が増え……と好循環が生まれている。

個人、企業、産業、国家の各レベルで経済活動が活発になり、生み出した果実をみんなが納得できる形で分け合っている。

その反対が「不況」だ。企業の売り上げや利益が減り、賃金は下がり、モノやサービスの売買が滞る。そんなときは政府が経済対策（景気対策とも呼ぶ）を打ち出し、公共投資を増やす。減税や給付金、失業者の増加や企業の資金繰り悪化に備える措置などをメニューに入れることもある。それほど時間を置かずに景気は回復し、再び好況が訪れる。

日本経済がこうした状態であれば、日本で活動している個人や企業に景況感を尋ねれば、多くの回答者から「景気回復を実感している」という答えが返ってくるだろう。

そうならない理由はいくつかあるが、一つの大きな理由は回答者の「ばらつき」だ。仮に日本企業一万社を対象に景況感に関するアンケート調査を実施するとしよう。一万社には特に条件を設けず、無作為に対象を選ぶ。現実に様々な調査機関が実施している調査は、調査対象の選定を含めもっと厳密に設計しているが、あくまでも思考実験だ。

調査対象の中には大企業から中小・零細企業まで様々な規模の企業が含まれ、業種もまちまちである。

集計してみると、全体の60%の企業が「景気は悪くなっている」、30%の企業が「景気は横ばい」、10%の企業が「景気は良くなっている」と回答したとする。

この結果を見る限りでは「景気は良くなっている」との回答は少数派であり、全体として景気は悪くなっていると判断できそうだ。

そこで、同じ一万社の売り上げと利益を合計し、一年前と比べてみる。すると、売り上げと利益の合計額はいずれも一年前よりも増えていた。一万社の経済活動を集計してみると全体として「景気が良くなっている」と言っても良い状態だったのだ。

アンケート調査では、「景気が良くなっている」と回答したのは全体の10%だけだったが、そこには業績が好調な大企業が含まれており、全体の数字を押し上げたと考えられる。

現在の日本はここまで極端な状況ではないにしても、経済全体が「好況」や「好景気」であっても、それを実感できない企業や個人が多い背景には回答者のばらつきがあり、経済や社会に深刻な影響を及ぼしている。

回答者のばらつきを「格差」と言い換えられるだろう。日本は格差社会になったのか、そうではないのか。様々な議論があるが、日本で経済活動を営む人々の景況感に大きなばらつきが生じているのは紛れもない事実である。

個人、企業、産業、国家の各レベルで経済活動を担い、生み出した果実をみんなが納得する形で分け合っているのなら、個々人の自由な活動に任せておけば良いだろう。そうでないとすれば、個人を超える存在である企業や政府が乗り出すしかない。とりわけ経済政策を担う政府の責任は重大だ。政府はマクロ経済や景気の現状をどのように把握し、経済政策に生かしているのか。第2章で取り上げる。

第2章　政府の景気判断は正しいのか

†トレンドとサイクル

「景気」はもともと経済用語ではなかった。そして今、経済用語として使うときにもマクロからミクロまで幅広い用途がある。用途がたくさんある道具が使いやすいとは限らない。用途が一つしかなければ使い方を誤る可能性は小さいが、用途が多いと間違った使い方をしてしまう恐れがある。「景気」という言葉にもそんな側面があり、本書の議論の出発点とするために、言葉の意味を確認した。

本章から本題に入る。「景気回復を実感できない人が多いのはなぜか」という問いへの答えを探っていく。

この問いを分解してみよう。「景気回復」は景気循環の一局面である。現在の日本がどの局面にあるのかを判定し、公表しているのは日本政府、正確には政府内で景気判断を担当している内閣府だ。一方、「景気回復」を実感できないと訴えているのは国民だ。

両者の認識にずれが生じている理由を探るためにはまず、政府はどんな方法で景気の現状を判断しているのかを知る必要がある。本章では景気循環の基本を確認したうえで、政府による景気判断のやり方を解説する。政府の肩を持つつもりはないが、景気判断の難しさと限界にも触れたい。本章では景気を経済全体の状態（マクロの景気）の意味で使う。

景気循環とは景気が良くなったり悪くなったりする現象を指す。説明を始める前に、景気循環と経済成長の関係を整理する。経済学では、経済成長の趨勢《すうせい》をトレンド、景気循環の動きをサイクルと呼んで区別する。

経済成長とは経済の規模が大きくなっていく現象を指すが、どの国を見ても、一直線に成長しているわけではない。景気が良い時期と悪い時期を繰り返しながら、長期的に見ると経済の規模は拡大している。

「長期的に」とは、毎月や毎年といった単位ではなく、数年、数十年あるいはそれ以上の長い期間を表す。経済学ではよく長期と短期の事象を区別して議論する。どこまでが短期でどこからが長期なのか、厳密な定義はないが、経済成長は長期（10年から100年単位）、景気循環は短期（3年程度）の現象と区別して論じる経済学者が多い。

山あり谷あり

循環を繰り返している景気が今、どの局面にあるかを示すのが景気判断である。景気が最も悪い時点を「景気の谷」、景気が最も良い時点を「景気の山」と呼ぶ。景気は山から谷、谷から山、山から谷へと変動する。

景気の先行きがどうなるかを推定する試みが景気予測（経済予測）だ。1〜2年、5〜10年、1週間〜4半期といった期間を経たとき、景気（経済）はどんな状態になっているのか。民間研究所などは定期的に予測を公表している。実質国内総生産（GDP）とGDPを構成する要素である個人消費、設備投資などの増減率が主な予測の対象である。政府も毎年、経済成長率の見通しを公表しているが、公表する数値は「目標値」の性格を持つため、予測という言葉は使わず、「政府経済見通し」と呼んでいる。

企業や個人に景気の先行きを尋ね、結果を集計したアンケート調査も景気予測の一種といえる。

景気予測は景気判断と並ぶ重要なテーマであるが、本書では景気判断を中心に話を進める。

さて、景気が今、どの局面にあるのかを示す方法は大きく分けて二種類ある。「変化の方向」に注目するのか、「景気の水準」に注目するかだ。

まず、変化の方向を見極める方法から説明しよう。景気の谷から景気が徐々に良くなる過程が「景気回復期」（拡張期、上昇期とも呼ぶ）。やがて景気の山に達し、そこから景気が徐々に悪くなる過程が「景気後退期」（下降期とも呼ぶ）だ。本書のテーマである「景気回復」とは景気が「良い方向」に向かっていることを意味する。目印にしているのはあくまでも方向であり、水準は問わない。

一方、景気の水準が高い状態を「好況」、低い状態を「不況」と呼ぶ。したがって、方向と水準を組み合わせて見ると、景気回復期＝好況、後退期＝不況とは限らない。景気は回復期に入っているものの、なお不況であったり、景気は後退期に入っているものの、なお好況であったりする可能性があるからだ。

景気は回復期に入っているものの、最悪期を脱したばかりであり、不況と呼べる状態にとどまっている場合、政府が「景気回復」を強調しても多くの人が実感できないのは当然だろう。

景気の
山と谷
高度成長
好況
不況
不況
好況
不況
好況
低成長

慶應義塾大学名誉教授の岡部《おかべ》光明《みつあき》は、「方向としては景気が改善しつつあるが、経済活動の水準としては低い（景気回復という実感はない）」という状態は「マクロ指標とミクロ景況感の乖離《かいり》」と呼ばれ、繰り返し議論されてきたと解説する。

岡部によると、景気の「水準論」対「方向論」の問題は、時系列データの特性にも起因する。景気動向を時系列データで判断する場合、一般に水準の変化（率）を表すデータは水準自体を表すデータよりも、周期の4分の1だけ先行する。

両者の周期のずれは、景気の水準と方向の認識にずれが生じる原因となる。「景気の水準で見ると好況だが、方向で見ると後退局面」、「景気の水準で見ると不況だが、方向で見ると回復局面」という現象が景気循環の半分の期間に生じるという。

これで答えが出た気になるが、本書はここでは終わらない。政府が景気は回復していると判断してから長い月日が経ち、水準の物差しで見ても不況期を脱出しているのに多くの人がそれを実感できないところに本質的な問題があるとみている。

1990年代以降の日本の景気循環の典型的なパターンを描写しよう。景気は「谷」から脱出し、「山」に向かって回復する。しばらく「不況」が続くが、そのうち「好況」に転じ、「山」に至る。「山」に至るまでの期間は「好況」が続くが、その間の実質経済成長率は1～3％程度である。

本書が提示する問いは「景気が回復局面にあり、かつ好況であるにもかかわらず、景気回復を実感できない人が多いのはなぜか」である。成長率が仮に1％台であっても、マクロの景気が好況であれば、多くの人が好況を実感できるはずだ。ところが、好況時であっても「生活が苦しくなっている」とか「景気が悪くなっている」と感じる人が多いのが、日本の現実だ。

また、好況と不況をどこで区切るのかも難しい問題だ。景気の山と谷の中間地点を結ぶ横線を引き、横線より上なら好況、横線より下なら不況としている図をよく見かける。パッと見ると境界線は明らかだが、グラフの縦軸の単位は明確ではない。横線は経済活動の平均的な水準を示すと説明している解説書は多いが、平均的な活動水準をどのように計測するのかは不明だ。

それでは、政府はどのように景気の状態（水準と方向）を判断しているのか。内閣府は景気動向を把握するための指標として「景気動向指数」を作成している。

†景気動向指数

内閣府の説明によると、景気動向指数は、生産、雇用など様々な経済活動を表す、重要かつ景気に敏感に反応する指標の動きを統合し、景気の現状把握や将来予測に役立てるために作成する指標である。

なお、内閣府は、景気動向指数による景気判断を「基調判断」、景気が良くなる状態を「拡張」、悪くなる状態を「後退」と呼んでいる。

政府は各省庁を通じて経済活動に関する様々な統計データを集め、経済指標を作成している。数多くの経済指標の中から経済にとって重要であり、しかも景気の動きに敏感に反応しそうな経済指標の集合体が、景気動向指数という製品の原材料だ。

景気そのものを直接、測定はできないため、景気の動きを映し出しそうな経済指標をいくつか選び出し、数値に手を加えて景気の水準や方向を表す指標としているのだ。

景気動向指数にはコンポジット・インデックス（CI）とディフュージョン・インデックス（DI）がある。CIは選び出した経済指標の動きを合成し、景気変動の大きさやテンポ（量感）を表す数値だ。景気の山の高さや谷の深さ、景気拡張や景気後退の勢いと言い換えられる。

一方、ＤＩは選び出した経済指標のうち、改善している指標の割合を算出し、景気が様々な経済部門に波及している度合い（波及度）を示す数値だ。コンポジットは合成、ディフュージョンは拡散を意味する英語。ＣＩは景気の水準、ＤＩは方向を表す指標といえる。

政府は従来、景気動向指数のうちＤＩを中心に公表してきたが、近年は景気変動の大きさや量感の把握が重要になっていると判断し、２００８年4月分からはＣＩ中心の公表に改めた。

ＣＩとＤＩを算出するときには共通の経済指標を使っている。景気が動き出す前に、先行して動く傾向が強い指標の集合を「先行系列」、ほぼ一致して動く指標の集合を「一致系列」、景気よりも遅れて動く傾向が強い集合を「遅行系列」と呼ぶ。

先行系列は11種類、一致系列は10種類、遅行系列は9種類の指標からなり、系列を構成する指標を使って先行指数、一致指数、遅行指数を算出する。

先行指数は一致指数より数カ月先行して動く傾向があり、今後の景気の動きを予測するのに利用する。一致指数はまさに景気の動きそのものであり、景気の現状を把握するのに適している。そして、遅行指数は一致指数から数カ月から半年程度遅れて動く傾向があるため、事後確認に使う。

先行指数は主に需要と供給の変動、一致指数は主に生産の調整、遅行指数は主に生産能力の調整に対応するとされている。

内閣府はどんな考え方に基づいて指数の計算に使う経済指標を選んでいるのか。まず、生産、在庫、設備投資、雇用、消費、企業経営、金融、物価、サービスの9分野を代表する指標を選び出す。次に、統計に継続性や信頼性があるか、過去の景気循環との間に生じた時差が安定しているか、統計に速報性があるか、などの基準を満たすかどうかをチェックする。そして、各指標を先行指数、一致指数、遅行指数に振り分けている。

内閣府はおおむね一つの山もしくは谷を経過するごとに、各系列で採用する経済指標を見直している。現在の系列になったのは2021年1月分からだ。

†産業構造の変化を反映

日本の経済構造が変化すれば、景気を判断する手がかりとなる経済指標も変わるだろう。かつては一致指数に製造業の稼働率指数、製造業の所定外労働時間指数、製造業の中小企業売上高などが入っており、製造業に関連する指標が多数を占めていた。製造業が起点となって景気の波が起きる傾向が強かったためだ。

現在の各系列の経済指標を見てみよう。先行系列には新規求人数、実質機械受注、新設住宅着工床面積などが入っている。多くの企業が新たに求人を増やしているなら（減らしているなら）、これから採用が増え（減り）、機械の注文が増えているなら（減っているなら）、やがて新しい機械の生産が増える（減る）だろう。着工間もない住宅の床面積（完成時を想定）が増えて（減って）いれば、これから建設工事が増える（減る）と予測できる。

さらに、株価指数（東証株価指数）、商品指数（日経商品指数、42種総合）、マネーストック（通貨供給量＝M2）は市況や金融に関連する指標である。景気の動きに先行して株価や商品価格が変動したり、マネーの供給が増減したりする傾向があり、それを景気判断に反映させようとしているのだ。

一致系列は、鉱工業生産指数、耐久消費財出荷指数、小売業と卸売業の商業販売額などで構成する。生産や出荷など、経済活動が活発かどうかを直接、反映しやすい指標が並んでいる。

遅行系列は、常用雇用指数、実質法人企業設備投資、家計消費支出、法人税収入、消費

者物価指数などが主な指標だ。景気が変動してから、しばらく経ってから変化が表れる指標が入っている。雇用、家計消費などは、増えるにせよ減るにせよ、景気の状態が落ち着いてから動き出す傾向がある。

†指数の作り方

かつては景気動向指数の主役だったDIの作り方を見よう。先行、一致、遅行の三系列の各月の値を3カ月前と比べて増加した時には「プラス」、横ばいの時には「0」、減少した時には「マイナス」とする一覧表を作る。変化の方向一覧表といえる。

そのうえで、先行、一致、遅行系列ごとに、採用系列数（採用した指標の総数）に占める拡張系列数（プラスになっている指標の数）の割合を求める。横ばいの指標は0・5としてカウントする。式で表せば式2－1のようになる。

各月の値を3カ月前の値と比べると、不規則な変動の影響を緩和させる効果があると内閣府は説明している。前の月と比べると、突発的な事象が発生して数値がぶれる可能性があるが、3カ月前との比較なら、一時的なぶれを避けられる。各月の値が3カ月前と比べて増加、減少、同一水準なら、3カ月移動平均の値が前月と比べて増加、減少、同一水準

$$\mathrm{DI} = \frac{\text{拡張系列数}}{\text{採用系列数}} \times 100\%$$

式2－1

であることと同じだと見なせる。

こうして計算した指数が50％を超えているなら、一致指数であれば景気は良い方向に動いている、50％を下回れば悪い方向に動いていると判断できる。先行指数であれば近くそうなりそうだと予測できる。

各系列を構成する経済指標のうちプラス方向にある指標が過半数を占めれば景気は良い方向に動いている、その逆なら悪い方向に動いていると判断するのだ。選挙にたとえれば、各指標はそれぞれ一票を持ち、多数決で景気の良し悪しを判断しているといえる。分かりやすい判断基準ではあるが、やや荒っぽさも感じる。

各系列には生産や販売、消費、雇用など多様な経済指標が入っているが、経済に影響を与える経路はどの指標も同じではない。

それでも、ほとんどの指標の値が3カ月前より改善しているのなら「どの側面を見てもプラスになっており、景気全体も良くなっている」と判断しやすいだろう。反対にほとんどの指標がマイナスなら「景気は悪くなっている」とみてよいだろう。

プラスとマイナスが拮抗している場合はどうか。全く角度が異なる指標のほぼ半数が上向き、ほぼ半数が下向きのときの判断は極めて難しい。それでも採決をし、50%を超えるか下回るかで判断しているのだ。

次にCIを見てみよう。CIは各指標の「対称変化率」を合成した数値を基に算出する。対称変化率とは分母を前月と当月（調査の対象とする月）の平均値、分子を当月と前月の差とする変化率だ。このあとの計算方法はやや複雑なため、ここでは説明を略す。

CI一致指数が上昇しているときは景気の「拡張局面」、低下しているときは「後退局面」であり、CI一致指数の動きと景気の転換点はおおむね一致する。

ただし、景気の拡張局面でも、その月だけCI一致指数が低下するなど、不規則な動きが起きる可能性もある。そこで、毎月の統計表には、足下の基調の変化をつかみやすい3カ月後方移動平均（調査対象月を含めた過去3カ月の平均値）と、足下の基調の変化が定着しつつあることを確認できる7カ月後方移動平均（調査対象月を含めた過去7カ月の平均値）も掲載している。

内閣府はCIによる景気判断（基調判断）の基準を明示している。景気の局面を、改善、足踏み、局面変化、悪化、下げ止まりに分類し、用語の定義と基準を示す一覧表を公表している。

例えば「改善」は「景気拡張の可能性が高いことを示す」と定義し、原則として3カ月以上連続して3カ月後方移動平均が上昇、当月の前月差の符合がプラスという基準を示している。

内閣府によると、2024年9月の景気動向指数（CI一致指数の速報値、2020年＝100）は前月に比べて1・7ポイント上昇し、115・7となった。2カ月ぶりの上昇で、基調判断は「下げ止まりを示している」に据え置いた。CI一致指数は基準年の2020年より高い水準で一進一退の動きが続いている。

†政府の裁量が入る公式見解

CIとDIの特徴をまとめておこう。DIは各指標がプラスかマイナスかによって全体の傾向を判断する指数であり、プラス（あるいはマイナス）の幅は問題にしない。したがって、採用している指標のうちプラス（マイナス）になっている指標の数が同じなら、各指標のプラス（マイナス）幅が大きくても小さくても指数としては同じ値が出る。

これに対して、ＣＩは採用している指標のプラス（マイナス）幅が大きければ大幅に上昇（下降）し、プラス（マイナス）幅が小さければ小幅に上昇（下降）する。

ただ、ＣＩは合成値のため、多くの指標が小幅なプラス（マイナス）になったときと、一部の指標が大幅なプラス（マイナス）になったときで指数の値が同じになる可能性がある。ここで役立つのがＤＩだ。景気の変化がどれくらい多くの分野に広がっているのかを見極めるためには、ＤＩを参照すれば良い。

このように、景気動向指数による景気判断には明確な基準があり、内閣府は厳密な作業をしていることが分かる。

ここから先が問題だ。政府はこうして算出した景気動向指数を参考にしながら、毎月、景気に関する公式見解を発表している。それが「月例経済報告」である。政府の公式な景気判断と言えば、月例経済報告を指す。

景気動向指数の算出は機械的な作業だが、政府は、日本銀行が調査している企業の景況感（「企業短期経済観測調査」と呼ぶ）など景気動向指数以外の様々なデータも踏まえ、総合的に判断している。内閣府が作成し、経済財政担当大臣が関係閣僚会議に提出する。

景気全般に対する基調判断のほか、個人消費や設備投資、輸出入、物価、雇用情勢などの個別項目の動向に触れ、公表時点の日本経済を取り巻く状況を示す。先行きの見通しやリスク要因にも言及する。

基調判断では「弱含《よわぶく》んでいる」、「改善に足踏みがみられる」、「持ち直しの動きがみられる」など様々な特有の文言で前月からの変化を表現する。

データを機械的に反映させる景気動向指数とは異なり、月例経済報告には、政府に裁量の余地がある点が重要だ。政府は景気動向指数だけを見て機械的に判断しているわけではなく、総合的に判断しているのだ。

政府が月例経済報告を公表するまでの間に、政府内でどんな議論をし、どんなプロセスを経ているのか。

†景気循環に神話由来の呼び名

この話題に移る前に、景気の山と谷の日付（景気基準日付）について説明する。政府は毎月の景気判断とは別に、しばらく経ってから過去の景気循環を振り返り、景気の転換点である山と谷の時期を公式に判定している。

担当はやはり内閣府だ。毎月の景気判断は重要だが、その判断が正しかったのかどうか、過去の景気循環と比べて今回はどんな特徴があるのか、などを検証するのが目的である。

景気基準日付は、一致指数に採用している指標から作る「ヒストリカルＤＩ」をベースに、有識者で構成する景気動向指数研究会での議論を踏まえて決定する。

ヒストリカルＤＩは、採用指標ごとに山と谷を設定し、谷から山にいたる期間はすべて上昇（プラス）、山から谷にいたる期間はすべて下降（マイナス）と見なして算出する。個々の指標の月々の不規則な動きをならして変化の方向を決めるため、比較的滑らかな数値となり、景気の基調を反映する。一致指数に採用している指標から作成したヒストリカルＤＩが50％を上回る直前の月が景気の谷、50％を下回る直前の月が景気の山となる。

こうして決まった過去の景気循環を見ると、戦後日本の景気循環は１９５１年６月の山の翌月から後退期間が始まる第1循環以降、２０２０年5月まで16回ある。現在（２０２４年秋）は２０２０年5月の谷の翌月から始まる第17循環に入っている。

なお、第16循環（２０１2年12月～２０２０年5月）の山（18年10月）が確定したのは20年7月、谷（20年5月）が確定したのは２０２２年7月だ。20年5月の谷から、2年以上経っている。山と谷の判定にはそれだけ時間がかかるのだ。

過去16回の景気循環のうち、拡張期間と後退期間にはそれぞれ呼び名が付いているが、拡張期間の方が一般にはよく知られている。

１９５４年12月から57年6月までの拡張期間（31カ月）を「神武景気《じんむけいき》」と呼ぶ。日本初代の天皇と伝えられる神武天皇以来の好況という意味で、経済が急成長し、国民の生活が急速に豊かになっていった高揚感が伝わってくる。白黒テレビ、洗濯機、冷蔵庫が「三種《さんしゅ》の神器《じんぎ》」にたとえられ、各家庭に急速に普及した。

１９５８年7月から61年12月までの拡張期間（42カ月）が「岩戸景気《いわとけいき》」。神武天皇よりもさらに時代をさかのぼり、天照大神《あまてらすおおみかみ》が天の岩戸に隠れて以来の好景気だという意味合いだ。

そして、１９６５年11月から70年7月までの拡張期間（57カ月）は「いざなぎ景気」と名付けられた。日本列島をつくったとされる「いざなぎの尊《みこと》」（天照大神の父神）以来の好景気という意味を込めている。カラーテレビ、クーラー、自動車が、英語の頭文字をとった3Cや「新三種の神器」と呼ばれ、消費のけん引役となった。

三つの拡張期間はいずれも高度経済成長期と呼ばれる時代に当たる。日本経済が急成長を遂げ、「こんな好景気は日本の歴史が始まって以来なかったに違いない」という認識を多くの国民が共有したからこそ、神話にまつわる呼び名が定着したのだろう。

景気拡張期の長さでは、近年も決して引けを取らない。２００２年2月から２００８年

2月までの拡張期は戦後最長の73カ月に及んだ。「いざなみ景気」と呼ばれる。いざなみは日本神話の女神で、いざなぎの妻である。

2012年12月から2018年10月までの拡張期も戦後2番目の71カ月にのぼり、「アベノミクス景気」の呼び名が定着している。アベノミクスとは第2～4次安倍晋三《あべしんぞう》政権が打ち出した経済政策の総称だ。

しかし、近年の国民の受け止め方は高度成長期とは大きく異なる。いざなみ景気の頃から「景気は長らく拡大しているにもかかわらず、それを実感できない」という国民の声が強まったのだ。第3章で改めてこの問題を取り上げる。

†翻弄される政府

政府の月例経済報告に話題を戻そう。小峰隆夫は『私が見てきた日本経済』で、経済企画庁（現内閣府）に勤務していたときに見たり、当事者として関わったりした月例経済報告を巡る「ドラマ」を披露している。

バブル崩壊後の1990年から96年にかけての景気判断がドラマの主題だ。この間に景気の山（91年2月）と谷（93年10月）が一回ずつあった。

内閣府は過去の景気の山と谷の時期（景気基準日付）をしばらく経ってから正式に判定する。後から「山」と判定された91年2月や「谷」と判定された93年10月の前後に政府はどんな景気判断をしていたのかが問われる。山の時期に景気後退期に入った、谷の時期に景気拡張期に入ったと判断していたとすれば「正確な判断だった」と評価されるだろう。実際には正確な判断ができず、それぞれの局面で月例経済報告の判断は批判を浴びたと振り返っている。

日本経済は91年3月以降、景気後退期に入った。後から振り返れば、バブルが崩壊して景気が悪くなった時期であり、簡単な判断に見えるが、渦中ではそれほど簡単ではなかったという。

実質経済成長率は急速に低下し、鉱工業生産指数や企業収益の落ち込みが大きくなっていた。ところが、政府の景気判断は切り替わりが遅く、しかもはっきりしない内容だった。91年8月までは「国内需要が堅調に推移し、拡大局面にある」という表現が一貫して続いていた。同年9月に「緩やかに減速しながらも、引き続き拡大している」とようやく変わった。景気の山は91年2月だったので、半年間も修正が遅れたのだ。しかも、修正後の文言は「減速しつつ拡大」と分かりづらい表現だった。

小峰はこうした表現になった理由を以下のように推測する。

景気の山と谷の判断は、経済指標の変化の「方向」に基づいている。（本章の前半部分でも触れたが）景気の山を過ぎた直後には「方向は下向きだが、水準は高い」状態になる。その特徴が雇用に表れていた。バブル末期には極度の労働力不足となり、91年以降に景気が後退局面に入ってもしばらくの間は労働需給が緩和しなかった。

これに政策が絡んでさらに混乱した。景気が後退してきたという認識が広まると経済対策が必要だという議論が起きやすいが、政策立案者から見ると、なお景気の水準は高いのだから、経済対策など必要ない状態であった。

91年9月の「減速しつつ拡大」という表現には、景気の方向は下向きだが、高すぎた水準が適正水準に戻っている局面であり、経済対策を必要とする状況ではないという意味を込めたのだろうと解釈している。

また、当時はちょうど景気拡大期間が、それまで戦後最長だった、いざなぎ景気（57カ月）を超えるかどうかの微妙な時期であり、景気判断を歪めたのではないかという指摘もあると補足している。景気の拡張期間が伸び、「戦後最長」ともなれば、時の政権にとって追い風が吹く。「景気後退」をできるだけ避けたいとの思惑が判断を鈍らせたのではないかという。結局、バブル景気と呼ばれた拡張期間は51カ月で終わり、戦後最長にはならなかった。

†「悪くなった」とは言いたくない

小峰はこうした判断の「歪み」を「上方バイアス（偏り）」と呼ぶ。政府は景気が悪い状態から転換したときには、すぐに「景気は良くなった」と公表したがり、逆の場合はなかなか「悪くなった」とは公表したがらない傾向を指す。政府が「景気が良くなった」と言えば、多くの人が（小峰は政府の言うことを国民が信頼すればだが、とあえて断っている）そう考え、そのこと自体が景気をもっと良くするかもしれない。逆に景気が悪くなったと認めると人々の意識が変わって景気後退に拍車がかかるかもしれないので、どうしても遅れがちになる。

その後の経緯はどうだったのか。「減速しつつ拡大」は、あまりにも分かりにくいという批判が強まり、91年11月の月例経済報告では「拡大テンポが緩やかに減速しつつある」、92年3月には「調整過程にあり、景気の減速感が広まっている」と修正した。景気後退期に入ってから1年経ってから政府はようやく景気後退期入りを認めたのだ。

小峰は1993年1月から94年8月まで、経済企画庁の内国調査課長を務めた。月例経済報告の責任部署であり、政府の景気判断の当事者であった。このときには何が起きたのか。

91年とは正反対の状況で、政府はいつ「景気回復宣言」を出すのかに注目が集まっていた。役所の上層部からもそろそろ景気底入れ宣言を出せないかという声が出ていたそうだ。その理由として、①91年の景気後退局面では政府の認識の遅れが批判されたので、今回は景気回復をいち早く宣言し、信頼を取り戻したい、②政府が93年4月に打ち出した「総合経済対策」の効果は十分だと明らかにしたい、③マスコミが政府の景気底入れ宣言の時期に大きな関心を寄せている、の三点を挙げている。

93年3月までは「調整過程にあり、引き続き低迷している」という表現だったが、4月は「調整過程にあり、引き続き低迷しているものの、一部に明るい動きがみられる」、5月は「調整過程にあり、なお低迷しているものの、一部に回復の兆しを示す動きが現われてきている」と修正した。

そして、6月に「調整過程にあり、総じて低迷しているものの、回復に向けた動きが現われてきている」とさらに表現を強め、底入れ宣言をするというゴーサインが上司から出た。

企画庁の内部、さらには政府内の調整に入ったところ、「企画庁、景気底入れ宣言へ」という新聞記事が出てしまい、他省庁が反対に回る波乱があったが、予定通り何とか底入れを宣言した。

ところが、その後、回復傾向がそれほどしっかりしたものではないというデータが続々と集まり、月例経済報告の表現は8月から徐々に後退した。11月には「回復に向けた動き」が消え、「総じて低迷が続いている」と修正した。底入れ宣言は誤りだったのだ。今度は「景気回復の認識を早まった」と批判を浴びた。

†景気動向は摑みづらい?

11月の後、94年3月まで同じ表現が続いたが、4月に「一部に明るい動きがみられるものの、総じて低迷が続いている」に修正した。その後も明るい方向への文言の修正が続き、11月には「引き続き明るさが広がってきており、緩やかながら回復の方向に向かっている」となり、「回復」が復活した。それでも、前回の失敗に懲りている政府は「景気回復宣言」をしなかった。

景気の山と谷は実際にはどうだったのか。ヒストリカルＤＩを活用した事後の判定では、93年10月が景気の谷であった。

つまり、政府は93年6月が景気の谷であると判断し、11月に撤回したが、実はこの間の10月に景気は底入れしていたのだ。政府は94年9月に至っても「景気は回復していない」と説明していたが、その1年前に景気は底入れしていたことになる。

小峰は「月例経済報告はそれぞれの時点で最善を尽くそうとする。しかしその結果は、事後的に見れば、過剰反応を繰り返し、大きく蛇行しながら進んでいたということだったのである。」と総括している。

政府は景気動向指数などを参照しながら、そのときどきの景気判断を公表しているが、間違った判断を下すことも多いのだ。

政府内の担当者たちが「正解」を出そうと必死に努力しても「不正解」に終わるほど、マクロの景気動向をつかむのは難しいのか。

直近の景気循環である第16循環の景気判断を振り返ってみよう。２０１２年12月から始まり、２０１８年10月に山、２０２０年5月に谷となった90カ月にのぼる循環だ。安倍晋三が首相に返り咲き、12年12月から20年9月まで政権を維持した時期とほぼ重なっている。

景気の谷であった12年11月時点の月例経済報告では「弱い動き」と判断していたが、13年1月は「一部に下げ止まりの兆し」、2月は「下げ止まっている」、3月は「持ち直しの動き」と修正し、景気底入れの動きを素早くキャッチしている。

政府の手腕が問われるのは、景気後退への転換点の見極めである。景気の山だった18年10月の景気判断は「緩やかに回復」だった。政府はこの判断をなかなか改めず、2020年2月まで「緩やかに回復」の表現を変えなかった。20年3月になってようやく「新型コロナウイルス感染症の影響により、足下で大幅に下押しされており、厳しい状況にある」と判断を大きく変えた。

新型コロナウイルスが猛威を振るい、2020年に入って景気が大きく後退したのは確かだが、18年10月に景気がピークを迎え、後退局面に入ったのは新型コロナが広がる前の話である。そこから1年数カ月にわたって「緩やかに回復」という判断を続けたのだ。

2020年5月、景気は再び谷を迎えた。政府は2020年6月に早くも「下げ止まり」、7月に「持ち直しの動き」という表現を使っている。18年11月から20年5月まで19カ月にのぼった景気後退局面の中で、政府が明確に「現在は不況だ」と分かる表現を使ったのは、20年3月~5月の3カ月にすぎない。

景気が実際には後退局面に入っていたのだから、政府が「景気は緩やかに回復している」といくら説明しても、国民が実感できないのは当たり前だ。政府は最善を尽くして判断していたのか。

比較のために、戦後最長の73カ月（2002年2月〜08年2月）にのぼる景気拡張期（いざなみ景気）の後の後退局面（08年3月〜09年3月の13カ月）で、政府はどんな景気判断を示していたのかを調べてみた。景気の山だった2008年2月は「このところ回復が緩やかになっている」と判断していた。

翌08年3月には「景気回復はこのところ足踏み状態にある」と修正し、8月には「景気はこのところ弱含んでいる」と判断を改めている。景気の谷となった09年3月は「景気は急速な悪化が続いており、厳しい状況にある」という文言だった。景気後退期のすべてを通じて「景気は悪くなっている」と感じさせる正確な判断を示していた。

安倍政権による景気判断を、小峰の言う「上方バイアス」と決めつけるのは酷だろうか。2020年7月、内閣府は18年10月が景気の「山」だったと判定したが、それまでの政府の景気判断との食い違いが明らかとなり、安倍政権の内部からは不満の声が出た。

従来のCI一致指数は鉱工業生産や輸出など製造業の比重が高い半面、サービス分野の比重が低い傾向があり、政府の景気判断とのずれが生じた原因だとの指摘もあった。そこで、内閣府の景気動向指数研究会は新指数（一致指数）を検討し、22年8月から参考指標として公表を始めた。

新指数は経済の「総体的な量」（総体量）の変動を反映する。生産→分配→支出（→生産→…）というマクロ経済の波及を念頭に置いて経済の動きを生産、分配、支出の三面から捉え、各指標の比重で加重平均し、三面ごとに指数を作成したうえで一つの指数に合成する。採用指標が同じような動きをするかどうかを重視する従来のＣＩ一致指数とは異なる考え方に基づく指標である。

新指数で判定すると、景気が底割れしたのは19年10月となる。政府が景気判断を下方修正した20年3月までのタイムラグは大幅に短くなる。ただ、政府は毎月の基調判断や景気の山と谷の判定は従来の指数を活用する方針を示している。新指数はほとんどの国民の視界には入っていないのではないか。

本書では政府の景気判断と国民の実感とのずれを問題にしているが、政府の「上方バイアス」もずれが生じる一因ではあるだろう。しかし、これは安倍政権の時期に起きた極端な例であり、それが主な原因ではないと信じたい。政府は手持ちの材料をすべて活用し、最善を尽くしているという前提が崩れてしまったら、あるいは実際にはそうであっても、国民の信頼が崩れてしまったら、政府の景気判断を参考にする人はいなくなるだろう。

†広がる指標と実態のズレ

政府は最善を尽くし、おおむね正しい景気判断ができていると仮定しよう。それでも多くの国民が認識のずれを感じるのはなぜだろうか。マクロの景気を直接、測定する方法はなく、信頼できそうな複数の経済指標のデータを集め、それを手がかりに景気の動きをつかむしかないところに、本質的な難しさがあるのではないか。いずれも政府が統計法という法律に基づいて実施している調査であり、データ自体の信頼性は高いといえる。

しかし、そうした経済指標が必ずしも経済の実態を映し出しているとは限らない。最近の雇用関連の指標は一例だ。一致系列に入っている有効求人倍率は、全国で仕事を探す人一人当たりに対して何件の求人があるのかを示す。数値が1より高ければ労働市場は需要超過（人手不足）、1より低ければ供給超過（人材が過剰）と見なせる。

遅行系列に入っている完全失業率も重要な指標だ。失業率の水準が低ければ労働需給はひっ迫しており、この数値が3％台であれば、働く意思がある人なら誰でも働ける「完全雇用」の状態と判断できる。

最近は有効求人倍率が高く、失業率が低い状態が続いており、景気動向指数のプラス材料にはなっているだろう。

ところが、雇用関連の経済指標が改善しているにもかかわらず、働く人の経済状態は必ずしも良くなっていない。人手不足なら企業は賃金を引き上げて労働者を集めようとするはずだが、労働者の平均賃金は伸び悩んできた。

賃金が伸び悩んできた原因の一つは非正規のパート労働者の増加だ。企業は人手不足を補うために賃金水準が低い非正規労働者を増やして対応してきた。フルタイム勤務の正社員の賃金もあまり伸びてこなかった。

それでは、人件費を抑制してきた企業の経営者たちは好景気を実感しているのか。正社員を増やし、賃金を上げたいとの思いはあっても、売り上げが伸び悩む中でやむなく人件費をカットしてきた経営者は多いだろう。

第2次安倍政権以来、政府はこうした事態を打開するために、企業に賃上げを求めてきた。10年近く膠着状態が続いていたが、物価上昇の影響もあり、2023年頃から賃金を上げる企業が増えてきた。企業に余裕が生まれてきたのだろうか。

企業によって現状はまちまちだ。販売価格の引き上げとセットで賃金を引き上げたものの売り上げが減少している企業、原材料費の高騰や人件費の上昇に耐えかねて倒産する企業がある一方で、円安効果で海外での売り上げ(ドルベース)を円換算した額が増え、2023年度決算で過去最高益をたたき出した大手企業もある。

大手企業には余裕があるのかと思いきや、経営者たちは「国内事業の利益が増えたわけではなく、国内の従業員の賃金を大幅に上げる余裕はない」と言う。

マクロの雇用環境が改善しているという表現は間違ってはいないが、労働者の側からは「どこの世界の話だろう」という声が聞こえてくる。

景気が良くなれば労働需要が高まる。有効求人倍率が上昇し、やがて完全失業率は下がる。その過程で労働者の賃金が上昇するという流れを想定できるからこそ、有効求人倍率は景気動向指数の一致系列に、完全失業率は遅行系列に入っている。だが、少子高齢化や人口減少が加速する中で、景気動向にかかわらず、人手が足りない状態になってはいないのか。有効求人倍率や完全失業率の数字を眺めているだけでは分からない。

政府がマクロの経済指標を寄せ集め、経済全体の状態を推し量ろうとするのは、国民の生活実態や企業の活動状況を把握し、適切な経済政策を打ち出すためだろう。経済や社会の構造が激変し、個人や企業のばらつきが大きくなるにつれ、この手法が通用しづらくなっているのではないだろうか。

第3章

1%成長時代の景況感

†GDPは総合成績

日本政府は景気の動きをどんな方法で調べ、現在の状態を判定しているのか、簡単にまとめておこう。生産、消費、雇用、金融など経済に関わる様々なマクロの経済指標や景況調査のデータを集め、「景気回復が続いている」とか「景気はこのところ弱含んでいる」といった総合判断を下している。判断の拠り所は経済指標だ。

各種の経済指標はマクロ経済の動きをつかんだり、論評したりするときの基盤である。特定の統計データの集計に誤りがあったと指摘され、「統計不正」だと批判されることもあるが、日本の各省庁が集計しているデータは完全ではないものの、総じて信頼性は高いといえる。

信頼性の高いそれらのデータを基にすれば政府は正しい判断を下せるはずだが、時間を置いて検証してみると、必ずしも正しく判断できていないことが分かった。政府に「景気は良くなっている」と公表したがり、逆に「景気は悪くなっている」とは公表したがらない、「上方バイアス」があるのが要因の一つである。

筆者は、マクロの経済指標を基に全体の姿を推し量る方法自体も問題を引き起こす要因だとみている。マクロの経済指標が経済の動きを正確に反映しているのなら、誰が見ても総合判断は変わらないだろう。データの読み方によって解釈の仕方に大きな幅が生じるからこそ、政府の「上方バイアス」が入り込む余地も生まれるのではないか。

第2章で取り上げた景気動向指数と共に、マクロ経済の動向をつかむうえで欠かせない経済指標が国内総生産（GDP）である。一国の経済活動の活発さを数値で表し、国際比較も可能だ。景気指標としても利用できるが、速報性には欠ける面がある。したがって金融・証券市場ではあまり注目されないが、経済活動の結果を確認するのに役立つ。足下の景気動向を探る指標というより、経済活動の総合成績のイメージに近い。

†人件費込みの粗利益の合計

世界経済および日本経済は景気循環を繰り返しながら成長を続けてきた。その過程を数値で後追いできるのはGDP統計だけである。GDPの増加率が経済成長率であり、世界各国は経済成長率を高めようと努力している。この動きを追うと、日本経済の構造が変化してきた様子も分かる。

しかし、一国の経済活動を直接、反映しているはずのGDP統計でさえ、そこから全体の動きを推し量るのは難しくなっている。GDP統計を吟味してみると、一国の経済活動が活発になっている（景気が良くなっている）にもかかわらず、多くの国民がそれを実感できない状態になっている背景が見えてくる。

本章ではGDP統計の基本を確認した後、その限界や問題点、国民の実感との関係を探っていく。

GDP統計の元になるのが国民経済計算（SNA）である。一定の期間（4半期や1年など）に国全体でどれだけの生産活動があったのかを示す。生産活動には、自動車などのモノ（財）の生産だけではなく、観光ガイドなどのサービス供給も含める。モノの生産量やサービスの供給量に価格を掛けて集計する。

この集計の方法だと、原材料として使った生産物の価格を重複して計算している可能性がある。例えば、自動車メーカーは部品の価格分を加味して販売価格を決めるが、部品メーカーはその分を売り上げとしてすでに計上している。両者をそのまま集計すると、部品の販売額を二重に計算してしまう。

そこで、生産者が新たに付け加えた生産物の価値である「粗付加価値《あらふかかち》」だけを合計すれば、二重計算を避けられる。粗付加価値とは、財・サービスの生産額から原材料などの中間生産物の投入額を差し引いた額だ。

「一定の期間中に一国内で生産されたすべての粗付加価値を市場価格で評価して合計した金額」がＧＤＰの定義である。

他の生産物に中間生産物として投入しない生産物を「最終生産物」と呼び、ＧＤＰ＝最終生産物の合計額とする定義もある。

一例を挙げよう。ある農家は２００万円分の小麦を生産し、製粉業者に販売した。製粉業者は購入した小麦を使って小麦粉を生産し、５００万円でパン屋に販売した。パン屋はその小麦粉でパンを焼き、消費者に１０００万円分販売した。

販売金額から原材料費を引いた金額が付加価値であり、農家の生産費用をゼロだと仮定すると合計１０００万円（農家の２００万円＋製粉業者の３００万円＋パン屋の５００万円）がＧ

DPだ。この事例では、最終生産物は消費者に販売したパンであり、パンの販売額は付加価値の合計額と一致する。

粗付加価値とは企業の決算項目の粗利益（売上総利益）に相当する。売り上げから原材料費などの売上原価を差し引いた金額であり、儲けと言い換えられる。日本国内で生み出された粗利益の合計がＧＤＰである。

企業の決算では、粗利益から「販売費および一般管理費」（販管費）を差し引いて営業利益を計算するが、販管費の中では人件費が多くの割合を占めている。モノやサービスの生産額を基に算出するＧＤＰは、人件費を差し引く前の金額なのだ。

†ＧＤＰは企業の目的ではない

どんな企業でも利益を増やそうとして行動している。売り上げが増えるにつれ利益も増えるのが理想だが、そうした好循環が生まれている企業ばかりではない。売り上げが伸び悩む中で利益を確保するために人件費を減らす企業も出てくる。

そうした動きが広がると、家計の収入が減り、消費にもマイナスの影響が出るだろう。しかし、生産の面から見たＧＤＰの総額は変わらない。

これから順次、説明するが、近年の日本企業の行動は必ずしもGDPの増加に貢献していない。だからといって日本企業に行動を改めよとは要求しづらい。そもそも日本企業は自社の利益を増やすために活動しているのであって、日本のGDPを増やすために活動しているわけではない。

ちなみに、日本政府はかつて国民総生産（GNP）を指標として使っていた。GNPとは、一定期間に国民が新しく生産した財やサービスの付加価値の合計だ。しかし、経済のグローバル化が進む中で「国民」の生産活動を基準とするGNPでは、一国の経済活動を捉えづらくなったため、政府は1993年からGDPを代表的な指標として使っている。

GNPを所得面から測るGNI（国民総所得）という概念もある。GDPから外国人が稼《か》得《とく》した所得を除き、日本人が海外で稼得した所得を加えた値だ。日本人の海外所得と外国人の日本国内での所得の差は「所得収支」に相当する。GNI＝GDP＋所得収支となる。日本の所得収支が黒字であればGNIはGDPよりも大きくなる。

日本政府は国民経済計算の体系を変更し、2000年以降はGNPの代わりにGNIを使うようになった。経済成長の国際比較ではGDPを物差しとして使うが、国民の豊かさを論じる際にはGNIも役に立つ指標である。

次にGDPの「三面等価の原則」について説明する。GDPを生産、分配、支出のどの面（三面）から見ても金額が等しくなる関係を指す。マクロ経済学の教科書には必ず載っている原則だが、内容を詳しく見てみると、奥の深さに気づく。

†儲け合う企業と労働者

冒頭では生産面から見たGDPの定義を紹介した。次は分配面から見たGDPである。1年間のうちに日本国内で生み出された儲けは誰かの取り分になっているはずだ。それが「国内総所得」だ。

国内総所得は、労働者が賃金として得る「雇用者報酬」、法人企業が得る利潤、支払利子、賃貸料などの「営業余剰」と個人企業の「混合所得」の合計、生産や輸入品に課される税と補助金の差額、機械や建物などの摩耗分を表す「固定資本減耗」からなる。

生産面から見たGDPは儲けの総額だが、分配面から見たGDPを見れば、誰の取り分になったのかが分かる。仮に企業が賃金をカットして人件費を減らせば、雇用者報酬は減り、企業の営業利益に相当する営業余剰が増える。1年間の儲けの総額は確定しているので、労働者の取り分（労働分配率と呼ぶ）が仮に前の年よりも減ったとしても、その年のG

ＤＰは変わらないが、家計の収入が減れば、翌年以降のＧＤＰに影響するだろう。そして営業余剰が増えた企業が余剰資金を設備投資に回せば経済活動は活発になっていくが、現預金などに滞留するようなら、経済活動はしぼんでいく。

もう一つの側面が「支出」である。国内で生み出された生産物やサービスは誰かに買ってもらえたからこそ、儲けになったと考えられる。それが「国内総支出」だ。民間最終消費支出、政府最終消費支出、国内総固定資本形成（住宅投資、設備投資、公共投資などの固定資本の追加分を指す）、在庫品の増加、それぞれの項目に輸出分を加え、輸入分を控除した額の合計だ。

日本で生み出された財・サービスを海外に輸出すれば、海外の誰かに買ってもらえたことを意味するのでプラスに、海外で生み出された財・サービスを輸入するときの支出は国内生産とは関係がないのでマイナスにカウントする。「輸出－輸入」と表記すると海外からの輸入が増えればＧＤＰが減るかのように見える。外国産のブランド品や食料品を買えば買うほどＧＤＰは減ってしまうのか。そうではない。海外産品を購入した分は民間最終消費支出の項目にも計上するため、輸入のマイナス分と相殺してゼロになる。ただ、輸入品は国産品と競合するため、輸入が増えて国内の生産が減ればＧＤＰにマイナスの影響を与える可能性がある。

　また、国内で生み出された財・サービスが売れ残った分は在庫品の増加とみなし、在庫投資として計上する。

　GDPからは生産→支出→分配→生産→というマクロ経済の流れを読み取れるが、この順番通りに物事が進んでいるわけではない。

†外国人観光客もGDPに貢献

　三面等価の世界の中をさらに覗いてみよう。モノやサービスを生み出すところから経済活動は始まる。この活動に参加しているのは誰か。日本でモノやサービスを生み出しているのは、日本で働いている人たちだ。日本人が圧倒的に多いが、海外から日本に来て働いている人たち（外国企業や外国人）もモノづくりやサービス提供に参加している。経営者、会社員、個人事業主など働く人々の立場は様々である。

　モノやサービスはどんどん増えていく。モノやサービスを生み出したら、直ちに売り、原価を差し引いた分の儲けが発生する。日本企業や日本人が海外で生み出したモノやサービスによる儲けは日本のGDPには計上しない。

ここから先は想像上のモデルだ。儲けは気体に変わり、風船の中にたまっていく。1年の間に風船は大きく膨らんでいく。そして、1年の最後にモノやサービスを生み出す活動に参加した人々の間で儲けを分け合い、風船は一気にしぼむ。

しかしこのモデルは現実を正確に描写できているとはいえない。働く人たちが儲けを分け合うのは1年の最後とは限らないからだ。風船は膨らんではしぼみ、膨らんではしぼみという運動を繰り返しながら、1年が過ぎていく。

とはいえ、このモデルはGDPとは何かを考えるのに役立つ。GDPとは、1年間の経済活動によって風船が膨らみ続けると想像したときの大きさといえる。

1年が終わると風船は一気にしぼむ。新しい年が始まると、日本で働く人たちは再び風船に儲けを入れ始める。風船は何も入っていない状態から徐々に膨らみ始め、2年目の最後になると、前の年より大きくなっている。

この動きを経済成長と呼ぶ。GDPはフローの概念であり、ストックの概念ではない。毎年、ゼロの状態からスタートして前の年よりも風船を大きくしないと経済は成長しないのだ。そう考えると大変さが分かる。この問題には改めて触れる。

このモデルを見ながら、三面等価の「分配」と「支出」の世界では何が起きているのか

GDP
GDP
GDP

を想像してみよう。モノやサービスを生産し、儲けが出たら分け合うのが分配の世界だ。働いている人たちが儲けの一部を得るのは当然だが、この世界には最初のモデルでは見かけなかった人（存在）が登場する。それが政府だ。政府は1年間の稼ぎの一部を税金という形で徴収していく。逆に補助金を持ってくることもあるが、差額を計算すると税金の方が大きくなる。この光景だけをクローズアップすると悪いイメージを持つかもしれないが、この部分がないと三面等価は成り立たない。

「支出」の世界を覗いてみる。働いている人たちが生み出したモノやサービスを購入しているのは誰か。働いている人たちが購入しているのはもちろんだ。生活のために必要なモノやサービスを自分のお金で購入する。会社の代理人として、会社の事業のために会社のお金を使って購入することもあるだろう。政府も様々なモノやサービスを購入している。

ここで新たな人たちが登場する。働かずに日本で生活している人たちだ。ここには、子どもやお年寄り、病気や怪我などの事情で働けない人も含まれる。モノやサービスを購入するための原資は年金であったり、貯蓄であったり人によって様々だ。購入のための原資が様々である点は、働いている人々でも同じ。毎月の給料の一部でも、貯蓄でも、お金に色はついていない。

国内で生み出したモノの一部は海外への輸出に回り、海外の人が購入している。また、2023年頃から新型コロナウイルスの猛威が収まり、日本を訪れる外国人の観光客が増えている。外国人が日本で宿泊したり、土産物を買ったりすれば「支出」の一部となる。海外の企業や消費者、外国人観光客らも三面等価の世界を支えているのだ。

生産と分配の世界は、日本で働いている人々が主役なのだが、支出の世界では、働いていない人々も重要な役割を果たしている。

働いてモノやサービスを生み出す活動がなければ風船は膨らんでいかないが、生み出したモノやサービスを買ってくれる人がいなくても、やはり風船は膨らまない。

†持ち家が生む「家賃収入」

日本の人口は2024年3月時点で約1億2400万人、そのうち就業者数（働いている人の数）は約6700万人。風船を膨らませる活動に参加しているのは人口の約54％だが、46％の人も三面等価の世界で生きているのだ。

ただ、総人口に占める労働力人口の割合が小さくなれば、一人当たりGDPは減る。総人口が減っても一人当たりGDPが減るとは限らないが、高齢化が進行して働かない人の割合が大きくなれば、働いている人たちが生み出したモノやサービスをみんなで分け合うのだから、一人当たりの金額は減る。

2023年の日本の名目GDP（ドル換算）は約4兆2000億ドルとなり、ドイツに抜かれて世界4位、一人当たり名目GDPは約3万4000ドルで34位だった。労働力人口の減少はGDPの伸びを抑える大きな要因の一つだ。

世界各国はGDPを共通の指標とし、経済成長を目指しているが、GDPの限界や問題点を指摘する声も根強くある。この点にも触れておきたい。

GDPは一国の経済活動の指標であり、市場で取引したすべてのモノやサービスを市場価格で評価し、統計に計上している。一方、市場で取引しない家事、育児、介護などの活動は計上しない。ところが、家事代行サービスを利用すると、市場価格で取引するため、GDPは増える。まったく同じ家事でも、市場を通すかどうかで評価が変わるのだ。家事代行サービスをたくさん利用した方が、経済は成長するのだが、それで国民は豊かになるといえるのか。

反対に、市場では取引していないが、生産物に含めている項目もある。政府が提供する行政サービスはその一つだ。政府のサービスによる生産額を、サービスを提供するのにかかった費用（人件費など）で計算している。先ほどの架空モデルに戻ろう。行政サービスを担う公務員も風船を膨らませていると見なしているのだ。

「帰属価格」と呼ばれる価格を想定して生産額をＧＤＰに算入している項目もある。持ち家のサービス、会社員の現物給付、農家の自家消費が代表例だ。

賃貸住宅の事業者は居住者にサービスを提供しているといえるが、持ち家も同じだと考える。仮に持ち家が賃貸住宅だとしたときに支払う家賃を「帰属家賃」として評価し、ＧＤＰに含めている。

持ち家の帰属家賃は家計最終消費支出の15％程度を占めている。持ち家を所有する人は賃貸業を営み（生産）、持ち家の帰属家賃を自ら支払い（支出）、それを自ら受け取っている（分配）とみなしてＧＤＰに算入する。ある人が賃貸住宅住まいのときは家賃を払っているため、ＧＤＰに入る。同じ人が持ち家に移ると家賃収入の分だけＧＤＰが減るのを防ぐための工夫だ。持ち家に住んでいる人はそれだけで風船を膨らませる活動に参加していることになる。

行政サービスや帰属家賃の取り扱いは、ＧＤＰの精度を高めるための工夫なのだと理解できるが、「国民の実感とのずれ」の原因の一つになっているのではないか。

モノやサービスの生産にはかかわらない経済活動を計上しない点もGDPの特徴である。保有資産の価格変動によって得られるキャピタルゲインは計上しない。株式や土地の売買で利益を得てもGDPは増えない。ただし、キャピタルゲインの一部を消費に回せば、その分は「支出」としてGDPに入る。GDPを巡ってはこの他にも様々な議論があり、第4章で改めて触れる。

†名目と実質

ここまでGDPの基本を確認してきた。これからGDP統計を見ながら日本の経済成長の軌跡を追うが、その前に「名目」と「実質」の概念を整理する。経済成長の問題を考えるとき、「実質」の概念は物差しの役割を果たしている。

GDPの定義は「ある期間中に一国内で生産されたすべての財・サービスの粗付加価値を市場価格で評価し、合計した金額」である。市場価格とは、そのときどきのモノやサービスの値段（名目価格）であり、そのまま計算すれば「名目GDP」の値が出てくる。

経済成長率は、式3－1の計算式を使って算出する。しかし、名目の数値を使うと、ある国のGDPが増えたとしても、その国の経済規模（量）が増え、豊かになったとは言い

$$\frac{今年のGDP-昨年のGDP}{昨年のGDP}\times 100\%$$

式3－1

切れない。物価水準が大きく変われば、名目値も変わってしまうからだ。

極端な例で言えば、実際の経済規模は前の年と変わらないのに、物価が2倍になったために名目GDPが2倍になった場合でも、経済成長率＝100％という数字が出てしまう。

長期の視点で一国の経済成長の軌跡をたどるときも同じだ。現在のGDPを過去のGDPと比べると、何十倍もの大きさになっているからといって、それだけ経済規模が大きくなったとは必ずしもいえない。その間に物価水準が上昇している可能性があるからだ。

ここで登場するのが「実質GDP」である。異なる年のGDPを比較するとき、物価変動の影響を取り除くため、ある年を基準年として設定し、その年の物価水準ですべての年のGDPを計算し直す。計算方法の詳細は省くが、モノやサービスの生産額を計算する際に、基準年の価格を使うのだ。そうすれば、物価水準が変動しても影響を受けにくくなる。

ある年の物価水準が急上昇しても、基準年の物価で計算するために、生産量が変化しない限り実質GDPが急上昇することはない。

「実質GDP」の増減率＝実質経済成長率だ。2023年度の実質GDPは約558兆1000億円、実質成長率は0・8％だった。これからは実質成長率を基に議論を進めていくが、注意点がある。

†成長率に左右される生活実感

「実質」の概念は確かに重要であり、この概念抜きには経済は語れない。ただ、私たちが日常生活の中で目にし、意識しているのは「名目価格」なのだという視点も大切だ。

例えば、名目GDPが前の年より減っていても、物価がそれ以上に大きく下がっていれば実質成長率はプラスになる。実質成長率がプラスであれば、一国の経済は成長軌道にあるといえるが、そこで暮らす国民はどう感じるか。

このときの経済の状態を想像してみる。多くの企業の売り上げは減っている。正社員の給料は下がりにくい傾向があり、物価下落の恩恵を受けているかもしれない。売り上げが減った企業は人件費を抑えるために非正規社員の採用を減らしたり、勤務時間を減らしたりしている。収入が減った非正規社員は当然ながら景気回復を実感できない。

反対に、物価が上昇している経済を想像してみよう。名目GDPは前の年より増えている。物価は上昇しているが、名目GDPの増加率の方が高ければ、実質成長率はプラスだ。

多くの企業の売り上げが増えている。原材料費は増えているが、その分は販売価格に上乗せしているので、利益も増えている。従業員（正社員と非正規社員）の賃金を引き上げ、利益の一部を還元している。物価は上昇しているが、それ以上に賃金が上がる人が増え、生活が豊かになったと感じる人が増えている。

名目GDPの増加率と物価上昇率の関係が逆転すると世界は大きく変わり、実質成長率はマイナスとなる。

企業の売り上げは増えるが、物価上昇に追い付かず、原材料費の高騰を吸収できない。従業員の賃金を上げるが、やはり物価上昇には追い付かない。多くの人に生活費の負担が重くのしかかる。

経済成長を論じるときは主に「実質GDP」の値を見るが、実質成長率がプラスなら良いと短絡的に考えるのではなく、そのときどきに国民がどんな経済環境に直面し、どのような生活実感をもって暮らしているのかという視点が大切だ。

†景気実感の変遷

さて、ここから第2次世界大戦後の日本の景気循環・経済成長を点検する。政府は、これまでに16回の景気循環があったと認定し、現在は17回目の循環に入っている。16回の景気循環の詳細を追う紙幅の余裕が本書にはないので「国民の実感」という視点から参考になりそうな時期を選んで取り上げる。

日本経済の黄金時代といえるのが「高度成長期」だ。高度成長期はいつからいつまでを指すのか、諸説あるが、ここでは一般によく使われる1955〜70年までとする。55年を高度成長期の始まりとする説の根拠は、昭和31年度（1956年度）経済白書の「もはや戦後ではない」という表現にある。経済白書では55年の日本経済の状況を戦後復興がほぼ完了したと捉えている。この表現を「これから新しい時代に入るのだ」という前向きな表現だと解釈する向きもあるが、原文には「回復を通じての成長は終わった。今後の成長は近代化によって支えられる。そして近代化の進歩も速やかにしてかつ安定的な経済の成長によって初めて可能となるのである。」とある。

つまり「もう復興需要はなくなったのだから、新たな成長の原動力を探さなければならない」という厳しい認識が「もはや戦後ではない」の背景にあったのだ。

経済白書の厳しい認識を跳ね返すように、日本は高度成長の道を突き進む。「神武景気」（1954年12月〜57年6月）、「岩戸景気」（58年7月〜61年12月）、「オリンピック景気」（62年11月〜64年10月）、「いざなぎ景気」（65年11月〜70年7月）と大型の景気拡張期が続き、日本経済の姿は激変した。高度成長期の日本経済の成長率は平均で10％近くにのぼった。

†年間10％の経済成長

この間の1960年、池田《いけだ》勇人《はやと》内閣は「国民所得倍増計画」を策定した。61年以降の10年間で実質国民所得（GNP）を2倍にする計画である。当時はGDPではなく、GNPが広く使われていた。

計画では、貿易振興、道路・鉄道・港湾など社会資本の増強、科学技術の発展といった目標を掲げた。池田首相は64年に退陣したが、政府は7年間で目標を達成した。68年、日本の名目GNPは世界2位となった。

高度成長期の景気を牽引したのは設備投資だ。企業は積極的な投資を繰り返し、「投資が投資を呼ぶ」とも言われた。一方で、「国際収支の天井」と呼ばれる制約条件が景気拡大の歯止めになっていた。1ドル＝360円の固定為替相場の下で、設備投資によって景気が拡大すると外貨準備が底をつく恐れがあった。政府・日銀は金融引き締め政策によって景気の過熱を防ぎ、輸入を抑制したのだ。なお、60年代後半になると日本製品の国際競争力が強まり、輸出が大きく伸びるようになった。好景気が続いても国際収支は黒字基調を維持し、「国際収支の天井」は景気拡大の制約にはならなくなった。

この時期の国民にはどんな風景が見えていたのか。新幹線や高速道路網が整備され、家電製品や自動車などの耐久消費財の普及率が高まった。「三種の神器」と呼ばれた白黒テレビ、洗濯機、冷蔵庫は1970年には100％近い普及率となった。

賃金が急上昇し、家計の購買力が高まったのだ。標準的な労働者（常用労働者）の賃金は1955年の1万8343円から1970年には7万5670円と約4・1倍になった。所得の上昇が消費の増加につながり、企業の売り上げが増え、さらに所得が上昇する好循環が生まれた。

人々の住居や家族のあり方も大きく変化した。それまでは農家が大勢を占め、三世代にまたがる大家族が一緒に暮らすのが一般的な居住形態だった。高度成長期には製造業が急伸し、都市部での労働需要が高まる。地方の農村地帯から、多くの労働者が都市部に移って集団就職をした。都市部に移った労働者たちは結婚すると夫婦を単位とした核家族を形成するようになった。

この間に所得格差も縮小した。1920年代頃から大企業と中小企業の間には賃金の格差があり、「二重構造」と呼ばれていたが、1960年前後から企業規模間の賃金格差は縮まる。農村からの労働供給が枯渇し、労働不足の状態になったほか、高校や大学への進学率が高まり、中学・高校の新卒者は希少な存在となった。賃金格差の縮小に伴い、中流意識を持つ人たちが増えたのだ。

こうして振り返ると高度成長期は輝かしい時代だったといえるが、明るい面ばかりではない。日本住宅公団は核家族用に「団地」を供給した。「狭いながらも楽しい我が家」という言葉が流行したが、先進諸国に比べると日本の住居は狭く、「ウサギ小屋」と揶揄されるようになった。長時間労働も当たり前だった。

公害問題も深刻だった。熊本県水俣《みなまた》市で発生した水俣病の症状が初めて確認されたのは1956年。チッソ水俣工場から排出された有機水銀が原因だと認められたのは10年以上経った1968年だった。新潟県阿賀野《あがの》川流域で生じた新潟水俣病、三重県四日市《よっかいち》市のコンビナートの亜硫酸《ありゅうさん》ガスによるぜんそく症状（四日市ぜんそく）、岐阜県神岡《かみおか》町の鉱山の排水に含まれていた金属カドミウムによる中毒症状（イタイイタイ病）は水俣病とともに四大公害病と呼ばれた。光化学スモッグなどの大気汚染や環境汚染が全国に広がり、被害が広がった。高度成長による負の影響も大きかったのである。高度成長が終わる1970年には「くたばれGNP」が流行語になったほどであった。

年間10％近い経済成長が人々の生活を大きく変えた様子は容易に想像できる。この当時の景気拡張期は現在の「景気回復」とは大きく異なり、まさに「景気が良い」と多くの人が感じる状態だった。圧倒的な成長率の高さが負の側面を覆い隠していたのだろう。

†高度成長の要因

高度成長期にも景気後退期はあった。「神武景気」の後には「なべ底不況」、「岩戸景気」の後には「転換型不況」、「オリンピック景気」の後は「証券不況」、「いざなぎ景気」の後は「ニクソン不況」といった具合だ。

「なべ底不況」の例を見てみよう。「神武景気」で海外からの輸入が増え、日本の国際収支は悪化した。外貨準備の枯渇を防ぐため、政府・日銀は金融引き締め政策に転じ、景気が悪化した。減収・減益、資金不足となる企業が増え、操業短縮の動きが広がった。中華鍋の底を這うような形で不況が長引くのではないかとの見方から「なべ底不況」と呼ばれたが、実際には1年で不況から脱出した。

「神武景気」（1954年12月～57年6月）から「なべ底不況」（57年7月～58年6月）、さらに「岩戸景気」（58年7月～61年12月）に転じたときの実質成長率は、56年度6・8%、57年度8・1%、58年度6・6%、59年度11・2%、60年度12・0%、61年度11・7%と高い水準が続いた。

景気後退期でも成長率は6～8%台。景気拡張期に比べて成長率が大きく下がったために、産業界に悪影響は出たが、そんなときでさえ、風船は6～8%も膨らんでいたのだ。10%近い経済成長を15年も続けられたのはなぜか。これも興味深いテーマであり、すでに様々な研究成果が積み上がっている。本書では深追いはしないが、成長会計と呼ばれる経済学の手法を使った分析を紹介する。経済成長の要因を供給（生産者）側から明らかにする手法である。

†成長を支えた設備投資

経済成長を決定づける生産要素は資本、労働、技術進歩の三種類。資本は設備投資と言い換えられる。経済学では、技術進歩や生産の効率化など「質の向上」をもたらす成長要因を「全要素生産性」（TFP）と呼ぶ。本書では、「技術進歩」をTFPの意味で使っている。

高度成長期に三要素がどの程度、貢献したのかを調べてみよう。例えば、成長率が1％で、そのうち0・5％が資本の貢献によるとすると、資本の寄与度は0・5％。三要素の寄与度の合計＝経済成長率である。また、（寄与度÷成長率）×100（％）を寄与率と呼ぶ。資本の寄与率は50％となる。

高度成長期の三要素の寄与率は、資本の伸びが50％、技術の進歩が35％、労働力の伸びが15％。戦後のベビーブームもあって高度成長期に日本の人口は増えたが、人口増加率は1％程度だった。

高度成長期はなぜ終わったのか。石油資源の制約（石油価格の高騰）、欧米の技術水準へのキャッチアップの完了、農村の過剰人口の枯渇と世帯数の伸びの鈍化など様々な要因が重なっている。

１９７０年代は、ニクソン・ショック、二度の石油危機などの海外要因と、列島改造ブームなどの国内要因によって経済が混乱し、成長率が急降下した時期である。高度成長を支えた制度上の基盤が崩れ始めた時期ともいえる。

１９７１年、アメリカのリチャード・ニクソン大統領はドルと金の交換停止を宣言した。いわゆるニクソン・ショックである。円切り上げによるデフレ圧力に対抗するため、政府は積極的な財政・金融政策を打ち出した。72年頃から景気は上向き、田中角栄首相の「日本列島改造論」の影響を受け、日本各地で大規模な土地開発ブームが起きた。１９７２年1月から73年11月までが「列島改造景気」である。

１９７３年2月、日本は固定相場制から変動相場制に移行した。日本企業の国際競争力は低下を余儀なくされる。同年10月には第4次中東戦争を契機に原油価格が4倍に急騰《きゅうとう》する第1次石油危機が起き、「狂乱物価」と呼ばれるインフレーションが発生した。74年の物価上昇率は23％に達した。消費は落ち込み、国際収支も赤字となる。74年度の実質経済成長率はマイナス0・5％と戦後初めてマイナスを記録した。１９７３年12月から75年3月までの景気後退期を「第1次石油不況」と呼ぶ。

第1次石油危機後の日本経済は安定成長の軌道に乗るまでの調整期間となった。安価な石油に依存していた日本企業の収益は悪化したが、政府は赤字国債を発行して財政支出を増やし、景気を下支えした。

日本企業は合理化や省エネルギー化のための投資に努めた。鉄鋼や化学といったエネルギー多消費型の「重厚長大《じゅうこうちょうだい》」産業から、自動車や電機といった「軽薄短小《けいはくたんしょう》」産業に中心を移す産業構造の転換に成功したのである。79年1月には第2次石油危機が発生したが、省エネ型の産業構造への転換が進んでいたため、物価上昇や経済成長の落ち込みは見られなかった。1970年代は戦後初のマイナス成長を記録するなど起伏が激しい10年となり、経済成長率の平均は約5％となった。

1980年代に入ると、日本経済は安定軌道に乗る。10年間の平均成長率は4％台となった。この間、米国との貿易摩擦が激化し、1985年9月のプラザ合意にて、円高・ドル安の方向へ調整した。日本は一時的に円高不況に陥り、政府は拡張的な財政・金融政策を実施した。円高不況を乗り越えた後も金融緩和政策を継続した影響で地価や株価が急騰し、バブル経済が発生した。

†「バブルの頃は良かった」のか？

１９８６年12月から91年2月までの景気拡張期が「バブル景気」である。１９８７〜９０年度の平均成長率は５・８％に達した。この頃、国民は好況を実感していたのだろうか。87年には超低金利の恩恵を受けて住宅投資が急増した。政府の「緊急経済対策」により公共投資も増加した。地価上昇で担保価値が高まり、土地の所有者は資金調達が容易になる。１９８０年代後半には東京を中心にマンション建設が活発になった。

88年には企業の設備投資が増勢に転じた。金融機関からの借り入れ、社債発行などで資金を調達するのは容易だった。高度成長期の再来を思わせる設備投資ブームが起きたのである。

賃金が上昇し、個人消費も伸びる。乗用車、カラーテレビ、ＶＴＲなどの耐久消費財の高性能、高品質化が進み、高級品を求める傾向が強まった。ゴルフ会員権の人気が高まり、レジャー、外食などのサービス関連の支出が増えた。株価や地価の上昇で資産価値が高まり、消費にもプラスの影響を与えたのである。

バブル景気を経験した世代の人からは「あの頃は良かった」との回想をよく聞くが、国民の多くがバブルを謳歌《おうか》していたわけではない。

地価と株価の上昇に眉を顰《ひそ》める人も多かった。多くの資産を持つ人ほどバブルの恩恵を受ける傾向が強かったためである。バブル膨張によって生まれたキャピタルゲインのうち約6割は高所得層に集中し、最も所得が低い階層は2~4%にとどまったとの試算もある。

地価上昇によるキャピタルゲインも東京、大阪、名古屋の三大都市圏に集中し、地方との差が開いた。

労働者の賃金は上昇し、消費は活発になったが、住宅価格がそれ以上に高騰し、東京への通勤圏での住宅価格は「年収の5倍程度」から「7~8倍程度」に上昇した。首都圏などに土地を所有している人はますます有利になる傾向が強まり、国民から不満の声が出るようになった。庶民感覚とはかけ離れた土地・株取引、特別背任《とくべつはいにん》、贈収賄《ぞうしゅうわい》や不正取引など法に触れる不祥事や事件が相次いだことも、バブル景気の印象を悪くした。

国民の多くは好況を実感しつつも、持てる者と持たざる者との格差拡大、持てる者の倫理にもとる行動に怒り、「バブルを潰せ」、「バブルを退治せよ」という声が強まった。

戦後の日本経済の歴史の中で、高度成長期とバブル期は二大黄金時代といえるだろう。日本経済の規模が急速に拡大し、国民の生活は豊かになった。しかし、国民は急成長を手放しで喜んだり、浮かれたりしていたのではなく、高度成長期の末期には「くたばれGNP」、バブル末期には「バブル退治」という言葉が流行した。景気拡大や経済成長の恩恵を受けつつも、負の側面に目を向ける人が多かったのである。

バブル景気の過熱を警戒した政府・日銀は金融の引き締めや土地取引の規制に乗り出し、1990年代初頭にバブル経済は崩壊した。

その後、日本経済は「失われた20年」と呼ばれる停滞期に入る。失われた20年が過ぎてもなお日本経済は停滞しているとの意味を込めて「失われた30年」と呼ぶ人もいる。

日本の実質成長率の推移を見よう。高度成長期は約10％、1970～80年代の安定成長期は約5％、90年代は約1・5％、2000年代は約0・6％と低下傾向が続いた。2010年代は約1％と少し盛り返したが、「失われた30年」は、ほぼ経済が成長していない状況だと説明する経済学者もいる。

なぜ、成長率が急低下したのか。成長会計の手法を使って供給側の要因を探ってみよう。90年代以降、資本（設備）、労働、技術進歩（TFP）の三要素のうち、労働の寄与度がマイナスに転じたのが大きな変化である。生産年齢人口（15〜64歳）は1995年にピーク（8716万人）、労働力人口（就業者と完全失業者の合計）は1998年にピーク（6793万人）を記録し、減少に転じた。働く人が減れば、成長は鈍化する。企業の設備投資は90年代以降も一定の貢献をしているが、成長率全体を押し上げるほどの勢いはない。技術進歩の貢献度も低い。

三要素のすべてに影響を与えているのは企業である。90年代以降、日本企業の行動が大きく変化し、成長率の低下につながっている。

バブル崩壊後、企業は設備、雇用、債務の「三つの過剰」を抱え込んだ。資金の出し手である金融機関にとって回収が困難な不良債権が膨らみ、経済全体の足を引っ張った。企業は新たな設備投資を抑制しながら既存の設備や人員を整理し、財務内容の改善に取り組んだ。金融機関は経営統合や不良債権の処理に努めた。90年代以降、非正規雇用の労働者の割合を高め、人件費を削減した。

三つの過剰の整理や不良債権の処理にめどがついた2000年代初頭に景気はようやく回復軌道に乗ったのである。

†「景気回復の実感がない」

2002年2月から08年2月まで戦後最長の73カ月にのぼった「いざなみ景気」が到来する。「景気回復の実感がない」という表現が普及したのはこの時期だ。この間の実質成長率は平均1・7％。高度成長期の「いざなぎ景気」（平均11・5％）、バブル景気（平均5・6％）に比べると明らかに見劣りする。

今度は需要の面から経済成長への貢献（寄与率）を確認してみよう。（需要を構成する各要素の経済成長率への寄与度÷経済成長率）×100（％）で算出する。「いざなぎ景気」では消費が51％、設備投資が25％。「バブル景気」では消費が45％、設備投資が35％。「いざなみ景気」では消費が37％、設備投資が27％、外需（輸出－輸入）が34％を占めた。

高度成長期とバブル期は国内需要が景気をけん引したが、いざなみ景気を引っ張ったのは輸出だ。とりわけ急成長を遂げた中国向け輸出の伸びが大きかった。国内で生み出したモノを海外に輸出すれば経済は成長する。しかし、そのモノを使うのは海外の人たちである。

成長率が低いうえに、輸出のウエイトが高いとなれば、目の前の風景が変わり、生活が日増しに豊かになると実感する人がいないのは当然かもしれない。

ただ、成長率の低さを強調しすぎるのは問題だと筆者は考えている。経済活動の水準が低下しているわけではないからだ。

経済成長理論には「ルール・オブ70」と呼ばれる法則がある。70÷成長率を計算すれば、所得が2倍になる年数が大まかに分かる。仮に成長率が10%なら7年で所得は2倍になる。高度成長期には実際にこうした現象が起きた。「いざなみ景気」の平均1・7%を当てはめると41年である。仮に2%なら35年、1%なら70年となる。

高度成長期やバブル期に比べれば「低成長」ではあるが、0・5%の成長でも影響は大きい。「低成長だから仕方がない」という言葉を国や企業が都合よく使っていないか注意が必要だ。

†それでも日本は成長している

低成長期の日本が成長率を1%引き上げるのは至難の業であるのは確かだが、GDP統計を確認できる1956年度から2023年度までの68年間のうちマイナス成長を記録した年は9回だけである。この間、毎年ゼロから風船を膨らませる作業を始め、年間の最大記録を更新し続けているのだ。

風船を膨らませる担い手が減っているにもかかわらず、記録を更新している状態を「それなりの結果を残している」とプラスに評価しても良いのではないか。

もう無理に風船を膨らませなくても良いという意見もある。環境問題を資本主義経済と結びつけ、「脱成長」を説く論者もいる。しかし、現在の経済の仕組みのまま、風船を膨らませる努力をやめたらどうなるか。

仮に風船の膨らみ方を前の年に比べて10％小さくする（＝マイナス10％成長になる）としよう。作業量が減るので、労働時間を減らすか人員を減らして対応するしかない。風船が膨らまなかった分だけ儲けは減る。働いている人たちの取り分は減るが、減り方は均等ではない。

戦後の日本は、風船を巨大にしてきた。前の年に比べて1％膨らませ方を抑制するだけでも大きな影響が出る。風船を膨らませている人たちに均等に影響が及ぶのではなく、雇用保障がない弱い立場の人たちに真っ先にしわ寄せが来る傾向が強いのである。

政府はどんな未来を描いているのか。内閣府は2024年1月、今後10年程度（2024〜33年度）の経済展望を発表した。技術進歩率が回復し、女性や高齢者などの労働参加が進むと仮定する「成長実現ケース」の場合で実質成長率は2％程度、名目成長率は3％程度、現在の傾向が続くと仮定する「ベースラインケース」では実質、名目ともに0％台半ばで推移すると見込んでいる。

同年4月には2060年度までの長期試算も発表した。2025～60年度平均の実質成長率は、最も厳しい「現状投影シナリオ」で0・2％程度、最も楽観的な「成長実現シナリオ」で1・7％程度と推計している。同年6月に発表した「経済財政運営の指針」（骨太方針）では、実質成長率1％超を2030年度以降の目標として示した。

日本とアメリカの労働生産性（労働者一人が生み出している付加価値の額）を比べると、製造業、サービス業など広範な分野で日本の生産性は低い。日本が低成長を続けているのは、生産性が低いためであり、アメリカを手本に生産性を高めよと指摘する経済学者は多い。

日本企業はもっとイノベーションを起こせ、外国から優秀な人材を受け入れよう、女性や高齢者の労働参加率を高めよう……。経済成長を促すための様々な提案に耳を傾ける価値は大いにあるが、即効薬や魔法の杖はない。

成長会計による分析から明らかなように、日本経済が今後、安定成長期に匹敵する成長軌道に戻る可能性はほとんどない。精一杯、成長する努力を続けても、今後10年間の実質成長率が平均2％に届く未来は見えない。

†まずは1％成長

1％前後の成長を前提（目標）に、より多くの国民が景気回復や豊かさを実感できる経済構造にするために何をなすべきかを考えるのがより現実的ではないだろうか。

日本企業の行動が日本の経済成長には必ずしも貢献していない点も改めて確認しておきたい。国内の「三つの過剰」の整理にめどがついた2000年代に入っても日本企業は人件費抑制の手を緩めず、非正規雇用の割合は4割近くに達している。

2023年度決算で過去最高益を記録した企業の売り上げや利益を見ると、海外事業に依存している企業が極めて多い。経営者からは企業の経営戦略として海外事業に注力するのは当然という声も聞こえてくる。円安で海外向け輸出（ドルベース）の円換算額が増えたり、海外拠点の売り上げが伸びたりすれば、海外事業をさらに拡大しようとする可能性が高い。海外事業が好調であれば、現地での設備投資を増やすだろう。海外での収益を国内で働く従業員の賃金の原資にはしづらいのかもしれない。

しかし、現状を放置していたら、景気回復も過去最高益の恩恵も実感できない人が増えるだけだ。

データを確認できる1971年以降で従業員30人以上の事業所（全産業）の実質賃金（物価変動の影響を除いた賃金）の前年比増減率の推移を見ると、「列島改造景気」の時期に該当する1972～73年は8・4～11・1%に達した。「バブル景気」の1987～90年は1・6～2・9%である。

「いざなみ景気」の2002年～07年では、最低がマイナス1・8%、最高が1・5%。6年間のうちマイナスの年が3回だ。「アベノミクス景気」の2013～18年では、最低がマイナス2・2%、最高が1・3%。6年間のうちプラスになった年は1回だけである。

一橋大学教授の森口千晶は、所得格差の視点から日本社会の長期的な変遷をたどりつつ、雇用や社会保障制度の問題点について論じている。本書のテーマである「景気」や「経済成長」に関する論考ではないが、「景気回復を実感できない国民」を生む社会の構造が浮き彫りになっていると筆者はみており、ここで紹介しておきたい。

森口によると、日本では高度成長期に所得格差が縮小し、1960年代後半には「一億総中流」と呼ばれる意識が生まれた。そして、安定成長期に「日本型平等社会」が完成した。平等主義の単位は個人ではなく「世帯」であり、「男性正社員モデル」が基本だった。しかし、1980年代以降の構造変化により、日本型平等社会の前提条件が揺らぎ始めた。少子高齢化の進行と世帯規模の縮小である。高齢者のみの世帯が増え、所得格差が広がる要因になっている。

さらに、1990年代以降の長期不況の影響で、既存の制度には包摂されない社会の構成員（高齢単独世帯、母子世帯、非正規世帯、無業世帯など）が増え、相対的貧困率が上昇した。近年の日本における格差拡大の特徴は「富裕層の富裕化」を伴わない「低所得層の貧困化」にあると総括する。森口によれば、「日本型平等主義に内在していた格差が顕在化し、結果的に格差の広がった社会になった。」

既存の制度とは、日本型の企業システムと社会保障制度を指す。大企業による男性正社員への手厚い教育訓練は均質性の高い労働力を生み、所得の平等を実現する一方、政府の再分配政策は企業を通じた雇用保障と社会保険に重点を置き、事後的な貧困救済は自助努力と私的扶助を基礎とする限定的な制度にとどまっていると指摘する。

森口は、世帯ではなく個人を単位とする新たなセーフティーネット、男女平等を基本理念とし、世帯よりも個人、同質性よりも人的資本の多様性を尊重する新たな雇用や社会保障制度の構築を提唱する。

筆者は森口の問題提起や提言を支持するが、残念ながら日本の社会保障制度は現在も基本的に変わっていない。1960年代後半に完成した日本型平等社会は90年代以降に「日本型不平等社会」に移行したといえるが、日本型不平等社会の成立を主導してきたのは、非正規雇用を増やし、総人件費の削減を進めてきた日本企業である。「既存の制度」の柱を成す日本型の企業システムが大きく変化したにもかかわらず、もう一本の柱である社会保障制度の手直しは遅々として進まない。

現在の社会保障制度は日本型不平等社会の現状に十分に対応できていないだけでなく、制度の持続可能性にも疑問符がついている。多くの人々は社会保障制度に不信感と不安感を抱き、国の制度には頼れないという意識が強まっている。人々の生活を支えてきたはずの日本型の企業システムと社会保障制度が、人々の将来不安を掻き立てている現状は悲劇だと言わざるを得ない。

日本企業が人件費の抑制を続ける中で、日本型平等社会を前提にした社会保障制度を温存している限り、景気回復を実感できない人は増え続けるだろう。

第4章　経済統計はどう誕生した？

†「景気」と向き合ってきた経済学

政府は景気の現状をどんな方法で判断しているのか、そこにはどんな問題点があるのかを前章までに整理した。政府の判断と国民の実感にずれをもたらしている要因もいくつか明らかになった。一朝一夕には解消しそうもない根深い要因ばかりだ。

袋小路の中で立ちすくみそうになるが、第4章と5章では、これまでの章とは趣向を変え、経済学者たちが景気循環や経済成長の問題をどのように捉えてきたのかを紹介する。

本書のテーマとの関係を説明しよう。景気や経済成長にずっと向き合ってきた学問は経済学である。景気や経済成長に関する研究の歴史は200年以上にのぼるが、前半の120年のうちに大きな枠組み（方法論）はほぼ完成した。19世紀初頭から第2次世界大戦の終結までが前半である。第4章と5章では、主に前半120年に焦点を当て、景気や経済成長を分析の対象とする経済学の見方や理論の成り立ちを点検する。

この期間に完成した枠組みは今もほとんど変わっていない。その根底には「経済学の思考法」があり、長い時間をかけて世の中に浸透してきた。現在も健在であり、政府の景気判断や、私たちの認識と実感にも大きな影響を与えていると筆者はみている。

景気や経済成長について分析する枠組みが出来上がった経緯や基本的な考え方を確認し、相互不信に陥っている政府と国民が袋小路から脱出するヒントを得るのが、第4章と5章の狙いだ。

第4章では、経済学者たちは景気循環や経済成長の実態をどのように捉え、計測してきたのか、第5章では、どんな理論を作って景気循環や経済成長の仕組みを解明してきたのかに焦点を当てる。

†19世紀初頭に最初の恐慌

120年間の時代背景を駆け足で確認しておこう。

景気循環と呼べる現象が始まったのは19世紀初めだ。イギリスで資本主義経済が確立した時期である。需要の増加による過剰生産→価格下落→倒産や失業の増加→不況（恐慌）→需給バランスの回復→好況→過剰生産……という反復運動を観察できるようになった。以来、資本主義経済は200年以上にわたって景気循環を繰り返し、現在に至っている。

経済学界の定説によると、過剰生産による恐慌は1825年のイギリスで初めて起こった。それ以降、36年、47年、57年、66年とほぼ10年周期で恐慌が発生した。この時期の恐慌は苛烈であり、他国にも広がった。

1820年からの50年間で西ヨーロッパの一人当たり所得は年率1％上昇したものの、生活水準が下がる人は多かった。綿織物の熟練労働者は職を失い、児童を含む未熟練労働者が機械を運転するようになった。週70〜80時間労働は当たり前で、週100時間労働も珍しくなかった。

労働環境は厳しく、イギリスの綿織物工場で発生する塵芥による肺疾患で、多くの労働者が死亡した。住居も劣悪であり、15〜20人が一部屋で暮らしていた事例もある。

†産業革命

それでもイギリスは産業革命を推進し、「世界の工場」の地位を確立していく。

1870年代に入ると様相が変わる。アメリカとドイツが急速な工業化に成功し、イギリスを脅かすようになった。イギリスでは金融、海運、保険業の比重が高まり、「世界の銀行」へと変質する。

1873年、オーストリアのウィーンで始まった株価暴落はヨーロッパ各国に波及し、「大不況」と呼ばれた。大不況は96年まで続いたが、国によって状況は異なり、この間には好況の時期もあった。イギリスの生産が落ち込む一方、アメリカ、ドイツ、フランスやベルギーは重化学工業を軸に第2次産業革命を推進した。1882年と90年には各国で恐慌が発生したが、1800年代半ばまでの恐慌に比べると影響は小さかった。

政治も激動期だった。1814~15年、ナポレオン戦争の戦後処理を協議したウィーン会議には、オスマン帝国を除くヨーロッパ各国が参加し、ヨーロッパをフランス革命以前の状態に戻すと決議した。

王政に戻ったフランスでは、1830年、王と市民の対立を契機とする七月革命が起き、制限選挙を実施する七月王政に転換した。しかし、産業革命の影響で劣悪な労働環境に置かれ、政治からも排除された労働者たちの不満が高まり、1848年、選挙法改正を求める二月革命が勃発した。ルイ＝フィリップ国王はイギリスに亡命し、七月王政は崩壊する。

ナポレオンⅢ世
ヴィクトリア女王
七月革命
チャーチスト運動
大不況
産業革命

二月革命の影響はヨーロッパ全体に広がり、ウィーン体制は崩壊した。

その後、共和政の下で大統領に就任したルイ・ナポレオンはクーデターを起こして皇帝（ナポレオン三世）となったが、1870年、普仏戦争で捕虜となって廃位。共和政が復活するなど政体が目まぐるしく変わった。

イギリスでは、産業革命が進行するにつれ、資本家と労働者が選挙制度に不満を持つようになった。新興都市に人口が流出し、有権者が減ったにもかかわらず従来通り議員を選出する腐敗選挙区が増えていたためだ。1832年、第一回選挙法改正で腐敗選挙区を廃止し、選挙権を拡大した。その後、第一回改正では選挙権を得られなかった都市の労働者が中心となり、普通選挙の実現を目指すチャーチスト運動が起こった。1837〜1901年はヴィクトリア女王の時代である。

†世界大戦と大恐慌

ドイツでは、1834年、プロイセン王国を中心にドイツ領邦内の諸国が参加する関税同盟が発足した。加盟国間での関税を撤廃し、第三国に共通の関税を課す仕組みだ。

1848年3月、フランスの二月革命の報が伝わったオーストリアのウィーンでクレメンス・フォン・メッテルニヒ宰相《さいしょう》の退陣を求める市民と軍が衝突し、ウィーン三月革命が起きた。メッテルニヒは退陣し、イギリスに亡命した。

プロイセンではベルリン三月革命が起こり、自由主義内閣が発足する。ドイツ統一と憲法制定を目指してフランクフルト国民議会を召集したものの、統一に失敗した。1862年、ユンカー（領主）出身のオットー・フォン・ビスマルクがプロイセン首相に就任し、軍備を増強した。

ヨーロッパ各国は17世紀から植民地の建設を進めてきたが、当初は香辛料の獲得などによる利益の追求が目的だった。19世紀に入ると、領土の獲得が目的となり、帝国主義の時代を迎えた。

20世紀に入ると19世紀前半に見られた周期的な恐慌は鳴りを潜めたが、1900〜03年の恐慌は多くの国に広がり、資本の集中が進んだ。

イギリス、フランスに続いてドイツ、イタリア、ロシア、日本も植民地の獲得を競い合うようになった。イギリス、フランス、ロシア、日本などの連合国と、ドイツ、オーストリアなどの同盟国に分かれ、第1次世界大戦へと向かう。

やがてアメリカが連合国側に参戦すると連合国側が有利になった。一方、ロシアは第1

次大戦に多額の戦費を費やし、国内では激しいインフレが発生した。１９１７年、ロシア革命が起き、社会主義国家が誕生した。

第１次大戦は１９１８年に終了し、イギリス、フランス、アメリカはヴェルサイユ条約による国際協調体制を主導した。ドイツは莫大な賠償金の支払いに苦しみ、激しいインフレが国民の生活を直撃した。

第１次大戦の直接の戦禍を避け、戦争特需に沸いたアメリカは繁栄を謳歌した。半面、農作物の不作や自動車・電化製品の過剰生産などの問題を抱えていた。１９２９年10月、ニューヨーク株式市場で株価が暴落した。その直前、ニューヨーク株式市場は未曽有の株式ブームとなり、ダウ平均株価は１９２１～２９年に3倍以上となった。暴落の影響は実体経済に及び、多くの企業や銀行が倒産し、失業率は25％に達した。実質ＧＤＰは4年間で半減した。世界経済をけん引していたアメリカの不況は世界中に広がり、「大恐慌」となったのである。

アメリカに債務を負っていたイギリスとフランスはドイツからの賠償金を返済原資としていたが、大恐慌の影響を受けたドイツは賠償金の支払いが不能となり、イギリスとフランスの経済も混乱する。第１次大戦後の国際協調は崩壊し、ドイツとイタリアでは全体主義の政権が発足した。社会不安が広がる中でドイツ、イタリア、日本の枢軸国と、アメリカ、イギリス、フランスなどの連合国との間で第2次世界大戦が勃発する。1939年に欧州戦線、41年に太平洋戦線での戦闘が始まり、45年に終結した。

†循環は10年周期という仮説

激動の120年を振り返ると、経済、政治、思想など様々な側面で対立軸が生まれ、激しい綱引きを繰り返した時代だったことが分かる。好況と不況、イギリスと他の先進諸国、ヨーロッパ列強と植民地、戦勝国と敗戦国、資本家と労働者、国王と市民、資本主義と社会主義、国家主義と自由主義、保守・反動と革命……。経済学者たちは、どちらが勝利するか分からない緊張感にさらされながら自分の立ち位置を決め、分析の枠組みを磨き上げた。

景気循環や不況をどのように捉えるか。経済学者たちが最初に取り組んだのは、景気循環を経済現象の一つと位置付け、データ分析を基に景気循環の平均期間を明らかにする実証研究である。

フランスの経済学者、ジョゼフ・クレマン・ジュグラーは、フランス、イギリス、アメリカの3カ国を対象に物価、金利、銀行貸し出しなどの長期データを集め、10年前後の波を発見した。それぞれの波は3〜4年や20年前後などに分かれるが、10年前後の波が最も多かった。

ジュグラーが研究結果を発表したのは1862年である。1825年以来、10年周期で恐慌が発生していた時期と重なっている。

後にオーストリアの経済学者、ヨーゼフ・シュンペーターはジュグラーの発見を高く評価し、「ジュグラー循環」と名付けた。

なぜ、10年周期の循環が起きるのか。諸説があるが、企業の設備投資が起点になるとの説が有力である。企業は生産増強を見越して設備投資に踏み切る。設備が完成して稼働すると生産量が増え、投資を抑制する。再び設備投資が活発になるのは10年後になる。

企業の固定設備の耐用年数は10年程度であり、10年周期で設備投資が盛り上がるとの見方もある。

ジュグラーの発表後、景気循環の実証分析では目立った成果が見られなくなる。後述するが、経済学界では1870年代から個人や企業の合理的な行動に目を向けるミクロ経済学が席巻するようになり、マクロの景気変動に関する研究は下火になった。

†周期が異なる様々な「循環」

景気循環に関する研究が再び活発になったのは1920〜30年代である。多くの資本主義国は戦後不況に陥り、30年代には大恐慌の波が押し寄せた。景気循環の周期性や原因の解明が世界共通の課題となったのである。

アメリカの経済学者、ジョセフ・キチンは1923年、ロシアの経済学者、ニコライ・ドミートリエヴィチ・コンドラチェフは1926年、アメリカの経済学者、サイモン・クズネッツは1930年、景気循環の波の存在を指摘した。波の期間は約40カ月、約50年、約20年と大きく異なり、「キチン循環」、「コンドラチェフ循環」、「クズネッツ循環」と呼ばれて歴史に名を残している。

キチンはアメリカとイギリスの卸売物価、金利、手形交換高の変動を分析し、ジュグラーの波より短い波を発見した。1890〜1922年の間に発生した波の平均期間は40カ月だった。キチンの波は在庫投資の循環だとの見方が多い。

企業が過剰在庫を抱えると、生産の水準を落として在庫を減らそうとする。在庫が適正な水準に戻れば生産を増やし、やがて過剰在庫が生まれる。このサイクルが40カ月だというのだ。

コンドラチェフはアメリカ、イギリス、フランス、ドイツの物価、金利、賃金などの長期データを集め、過去150年近くの間に2回半の波があったと指摘した。第一波は1780年代末から90年代末を谷とし、1810〜17年の山、1844〜51年の谷に至る約60年。第二波は1852年から始まり、1870〜75年の山、1890〜96年の谷までの約45年。二つの波の長さを平均すると50年強となる。第三波は、1914〜20年に山を迎えたと説明している。

コンドラチェフの研究はここで終わっているが、他の経済学者がその後の動きを追跡している。第三波は1940年代末頃に谷を迎え、第四波は1970年代前半に山を迎え、2000年前後に谷を迎えたと推測できる。

コンドラチェフ自身は波を引き起こす原因を特定していない。シュンペーターは技術革新が原因だと主張したが、コンドラチェフは「技術の発展そのものが長期波動のリズムの一部」との見方を示している。

クズネッツはアメリカを中心にイギリス、フランス、ドイツ、ベルギーも対象に農産物、鉱産物、生産財など60品目の生産量と35品目の価格を分析し、平均20年の波を発見した。

クズネッツの波は、「建築循環」だとの見方が有力だ。鉄道や道路などの大規模な建設工事の周期は約20年、住宅や商工業施設の建て替えまでの期間も約20年であり、波を引き起こす。

コンドラチェフの1回の波は、クズネッツの2回の波を含んでいる。コンドラチェフの波とクズネッツの波が同時に下降すると大不況になると確認した研究もある。

景気循環の理論研究に取り組む経済学者も出始めた。ジュグラー循環やコンドラチェフ循環を評価したシュンペーターのほか、イギリスのデニス・ロバートソン、オーストリアのフリードリヒ・フォン・ハイエク、ドイツのアーサー・シュピートホフらがいる。

†「いずれ不況は均衡に向かう」

本書では、激動の120年の間に生まれ、後世に大きな影響を与えた経済理論を第5章で取り上げる。120年間の終盤である1920〜30年代に生まれた景気循環理論の多くは忘れられた存在になっており、詳細には立ち入らないが、一人の重要な人物の論考だけは、ここで紹介しておきたい。「創造的破壊」という言葉と共に現在もよく名前を聞くシュンペーターの『景気循環論』（1939）である。同書も日の当たらない道を歩んだが、本書のテーマとの関連で興味深い論考を残している。

シュンペーターは1905年、恐慌への関心から研究を始めた。代表作となる『経済発展の理論』（1912）では、企業家による「新結合」が経済を動かす原動力になるとの見方を示している。新結合はシュンペーターによって後にイノベーションと言い換えられるキーワードだ。新結合は、新しい財の生産、新しい生産方法の導入、新しい販路の開拓、原料や半製品の新しい供給源の獲得、新しい組織の実現の五つからなる。

同書には、景気循環に関する記述がある。好況期には、企業家が「群生的」に出現する。イノベーションを担う企業家が好況期に集中して現れるのは「一人あるいは数人の企業家の出現が他の企業家の出現を、またこれがさらにそれ以上のますます多数の企業家の出現を容易にする。」という好循環が生まれるためだ。投資が盛り上がり、均衡状態に対して「断続的な攪乱」をもたらす。

攪乱を吸収するのには時間がかかる。このプロセスが「周期的不況」である。

シュンペーターは周期的不況を「国民経済が好況の攪乱によって変革された与件に適応した新均衡状態に接近しようとする苦闘である。」と見なしている。不況は新たな均衡状態に向かうプロセスであり、それ以前に比べれば経済全体は豊かになっていると前向きに捉えているのだ。

大恐慌後に刊行した『景気循環論』の副題は「資本主義経済発展の理論的、歴史的、統計的分析」だ。『経済発展の理論』で展開した理論をデータで裏付けようとしている。

†仮説や理論で物事を見るクセ

データ分析の拠り所としたのが、キチン、ジュグラー、コンドラチェフによる景気循環の周期説である。三つの異なる周期の波を合成し、現実の景気循環を説明しようとした。50年周期のコンドラチェフの一つの循環は、10年周期のジュグラー循環をいくつか含み、ジュグラー循環は40カ月周期のキチン循環を含んでいる。三つの波が同じ方向になると好況でも不況でも波が大きくなる。三つの波が打ち消し合えば波は小さくなると説いた。

シュンペーターは三つの循環の存在を前提に議論を進めたが、そもそも三つの循環を認めない経済学者も多く、同書は学界の共有財産にはならなかった。シュンペーターは歴史上の景気循環を自説で説明できることを示そうとしたが、東京大学名誉教授の吉川洋《よしかわひろし》は「完全な失敗であった。」と厳しく評価する。

理論の展開は『経済発展の理論』とほぼ同じだ。企業家によるイノベーションが景気循環を引き起こすとの仮説を核にしている。

シュンペーターによると、資本主義経済の本質は循環にあり、循環を繰り返しているうちに経済は成長する。不況はその過程で起きる現象なのだから必ずしも悪いことではない。失業は基本的に技術の変化によって生まれる。不況時に発生する過剰設備は生産の力強い拡大と共存する。

『景気循環論』の発刊は大恐慌が峠を越した後だったとはいえ、「不況や失業は必ずしも悪いものではない」という主張に共鳴する人は、どれほどいただろうか。シュンペーターの頭の中には『経済発展の理論』で展開した理論が深く根を下ろしており、眼前の出来事すべてをこの理論で解釈しようとした。コンドラチェフらの循環説の取り扱いも同様で、「企業家によるイノベーション」ですべてを説明しようとする姿勢に無理があったのではないか。

頭の中にある仮説や理論を通して世の中を見る癖があるのは、シュンペーターに限らない。他の学者にも、一般の人にもそうした傾向はある。この問題は第5章で改めて取り上げる。

†景気動向指数の起源

大恐慌の前後には、研究機関や組織も相次ぎ誕生した。全米経済研究所（ＮＢＥＲ）、ハーバード大学、ケンブリッジ大学、オックスフォード大学、国際連盟などが研究の拠点となった。

１９２０年に発足したＮＢＥＲでは、ウェスリー・ミッチェルが指導者の役割を果たし、アメリカ経済の実証研究に特化して成果を挙げた。ミッチェルは経済現象を社会の制度や構造と関係させながら論じる「制度学派」を代表する学者であり、主流派の新古典派経済学を批判した。景気循環の研究に熱中したのも、「データに聴く」姿勢の表れだ。

ミッチェルは１９２７年にこう述べている。

> 景気循環とは、多数の経済活動における循環的変動の集積であり、これらの循環的変動は振幅において広範に異なり、かつタイミングがかなり相違する。景気の変動は物価の変動よりもはるかに複雑なものである。なぜなら、景気の変動は物価のほかに雇用、所得、消費、生産、運輸、商業、財政など種々の要素の交織《こうしょく》だからである。（田《た》原昭四《はらしょうじ》「景

気循環史からみた世界三大不況」から引用、出典は「*Business Cycles: The Problem and Its Setting*」）

ＮＢＥＲとハーバード大学では、多数の経済指標の変動を合成して景気の動きを捉えようとする「景気動向指数」の基本的な考え方が生まれた。ハーバード大学は１９１９年、景気指数を作成した。第２次世界大戦後、ＮＢＥＲはＤＩ（ディフュージョン・インデックス）の手法を開発した。

日本政府は１９５３年、ＮＢＥＲ流のＤＩを活用した景気循環の実証分析を始めた。それ以来、景気循環の山と谷の時期（景気基準日付）を公式に判定する作業を続けている。

ジュグラー、キチン、コンドラチェフ、クズネッツの波は相互にどう関係するのか、日本にも当てはまるのかなど、景気循環の周期に関する研究は広がりを見せたが、第２次世界大戦後、現在に至るまで、経済学界では主要な研究テーマにはなっていない。彼らの実証研究は、理論の裏付けを欠いているとの見方が強かったためだ。（本書第２章を参照）

ＮＢＥＲにおける初期の実証研究は景気動向指数を生んだが、経済学者たちはミッチェルの分析手法を「理論なき計測だ」と批判した。景気循環は、現在も経済学界の重要な研究テーマの一つであるが、景気判断や景気予測とは一線を画す理論研究に注力する研究者が大半だ。

本章のこれまでの記述を簡単にまとめておこう。19世紀初頭から120年の激動期に、景気循環の周期に注目する研究が活発になった。とりわけ、第1次世界大戦後の1920年代から、大恐慌が猛威を振るった1930年代には実証研究に加えて理論研究も盛んになった。

景気循環の実証研究からは「景気動向指数」の概念が生まれ、現在の景気判断にも役立っているが、景気判断や景気予測は、経済学界の取り組むべき主要なテーマではないとの見方は当初から根強く、現在もこの傾向は変わらない。

学界のメインストリーム（主流派）は新古典派経済学であり、「資本主義は、その失敗によってではなく、その成功によって滅亡する」という命題を提唱したシュンペーターら、主流からはずれる学者の学説や理論は淘汰される傾向が強まっている。景気循環の理論研究は続いているが、シュンペーターらの研究が顧みられるのは稀である。

†経済の大きさを測る

マクロ経済の大きさを測る、もう一つの重要な手法である国内総生産（ＧＤＰ）統計の原型も大恐慌の中で誕生した。経済学者、ダイアン・コイルは自著で、ＧＤＰを生んだのは大恐慌と第２次世界大戦だと記している。彼女の著書などを参考に、ＧＤＰの歴史を簡単に振り返ってみよう。

ＧＤＰは一国の経済規模に関する統計である「国民経済計算」のデータの一つである。イギリスの経済学者、ウィリアム・ペティは１６６５年、国の経済全体の大きさを計測しようと試みた。イングランドとウェールズの収入、支出、人口、土地、その他の資産を推計したのである。その目的は、オランダとの戦争に必要な資源は十分か、徴税で戦費を賄えるかの確認にあった。複式簿記を導入し、総合的な統計を整備できたイギリスは有利な立場を手に入れる。フランスが同様な情報を手に入れたのは１７８１年だった。

18世紀末までに他国でも統計の整備が進むが、計算の対象は少しずつ異なった。統一の基準は存在しなかったが、各国とも「今使えるお金はいくらあり、どれだけの資産を残せるか」に重点を置いていた。

19世紀末になると、イギリス政府は新興のアメリカやドイツに追い付かれつつあるとの認識を持つようになった。経済全体の大きさをアメリカやドイツと比較するため、イギリスの大蔵省に所属していた経済学者、ロバート・ギッフェンらが統計作りを始めた。

国民所得の計測が急速に進化したのは1930年代以降である。イギリスでは、1920年代から30年代にかけ、経済学者のコーリン・クラークが4半期ベースで国の収支を計算した。

クラークは生産と支出を分野ごとに区分し、政府の財務状況に関する詳細なデータを収集した。物価変動に伴う数値の調整方法を検討し、所得分配にも言及した。

1930年、イギリス政府はクラークに統計データの提供を依頼する。大恐慌から抜け出す手がかりを得ようとしたのである。

アメリカ政府も同様な問題意識を持っていた。アメリカ議会は1932年、大恐慌の実態を正確に把握する必要があると判断し、1929～31年までの国民所得の概算を商務長官に命じた。

商務長官から相談を受けたミッチェルはクズネッツを推薦する。1917年のロシア革命後、渡米したクズネッツの才能を高く評価したミッチェルは1927年、クズネッツを研究スタッフに採用した。ペンシルバニア大学に移っていたクズネッツは二人の弟子と共に、クラークの手法を応用してアメリカ版の国民所得計算を完成させるプロジェクトに着手した。

クズネッツは34年、連邦議会に最初のレポートを提出し、1929〜32年の間にアメリカの国民所得が半減していることを明らかにした。フランクリン・ローズベルト大統領はこのデータを活用して新たな財政再建計画を発表し、38年には最新版のデータに基づいて補正予算案を議会に提出した。国民所得が半減しているというデータは、政策を推進する大きな力になったのである。

しかし、クズネッツには気がかりな点があった。1937年にはこんな文章を書いている。

本当に価値のある国民所得計算とは、強欲な社会よりも先進的な社会の見地から見て益よりも害であるような要素を、合計の金額から差し引いたものであると思われる。軍事費や大部分の広告費、それに金融や投機に関する出費の大半は現在の金額から差し引かれるべきであり、また何よりも、我々の高度な経済に内在するというべき不便を解消するためのコストが差し引かれなくてはならない。都市文明特有の巨額の費用、たとえば地下鉄や高価な住宅などの価格は、通常は市場で生み出された価値として扱われる。しかしそれらは実のところ、国を構成する人々の役に立つサービスではなく、都市生活を成り立たせるための必要悪としての出費でしかない。（ダイアン・コイル著、高橋璃子《たかはしりこ》訳『GDP』から引用、出典は「*National Income and Capital Formation, 1919-1935*」）

†GDPで幸福は測れるのか？

GDP統計を巡る議論は今も絶えない。一つ目の論点はどんな項目を計上するのか、である。「モノやサービスの生産によって生み出された付加価値」という定義に従えば、土地や株式の売買によるキャピタルゲインは計上しなくて良いが、軍事産業が生み出した付加価値は計上しなければならない。クズネッツは「社会の見地」という視点を強調したが、「経済規模の測定」にはそぐわない考え方だった。

ローズベルト大統領は軍事支出を含めた統計情報を望んだ。政府の軍事支出をカウントしなければ国の経済規模が縮小してしまうからだ。

クズネッツと商務省との間で「経済成長とは何か、何のために測定するのか」という本質を突く議論が起きた。財政政策を円滑に実行するためのデータが欲しい政府は「国防や司法、教育、公衆衛生などの公共サービスへの政府支出は消費の一部と考えるのが便利だ」と考えていた。クズネッツは「商務省は政府支出が経済成長の数字を増大させることを同語反復的に認めているにすぎず、人々の豊かさが向上するかどうかは考慮されていない」と反論したが、結局、受け入れられなかった。

クズネッツの主張は、現在のGDP統計を巡る二つ目の論点とも関係している。GDPは国民の幸福を測る指標として適切なのか、である。市場価値で測った経済規模が拡大すれば、国民は幸福になれるのかという疑念は根強い。GDP統計の弱点を補うため、後世になってGDPに代わる新しい指標が続々と登場したが、GDPの生みの親であるクズネッツは二つの論点を先取りしていたのだ。

政府の購入物をすべて計上することになり、政府は、国民所得計算の中では「最終消費者」の一人となった。アメリカ政府は1942年、初の国民所得統計を発表した。すでに戦時体制に入っており、政府支出や戦時の生産力を分析しやすい形になっていた。

イギリスやアメリカ政府が国民所得計算を求めたのは、大恐慌に陥った経済を立て直すためだった。大恐慌下で経済がどれだけ落ち込んでいるのか、実態が分からなければ対策

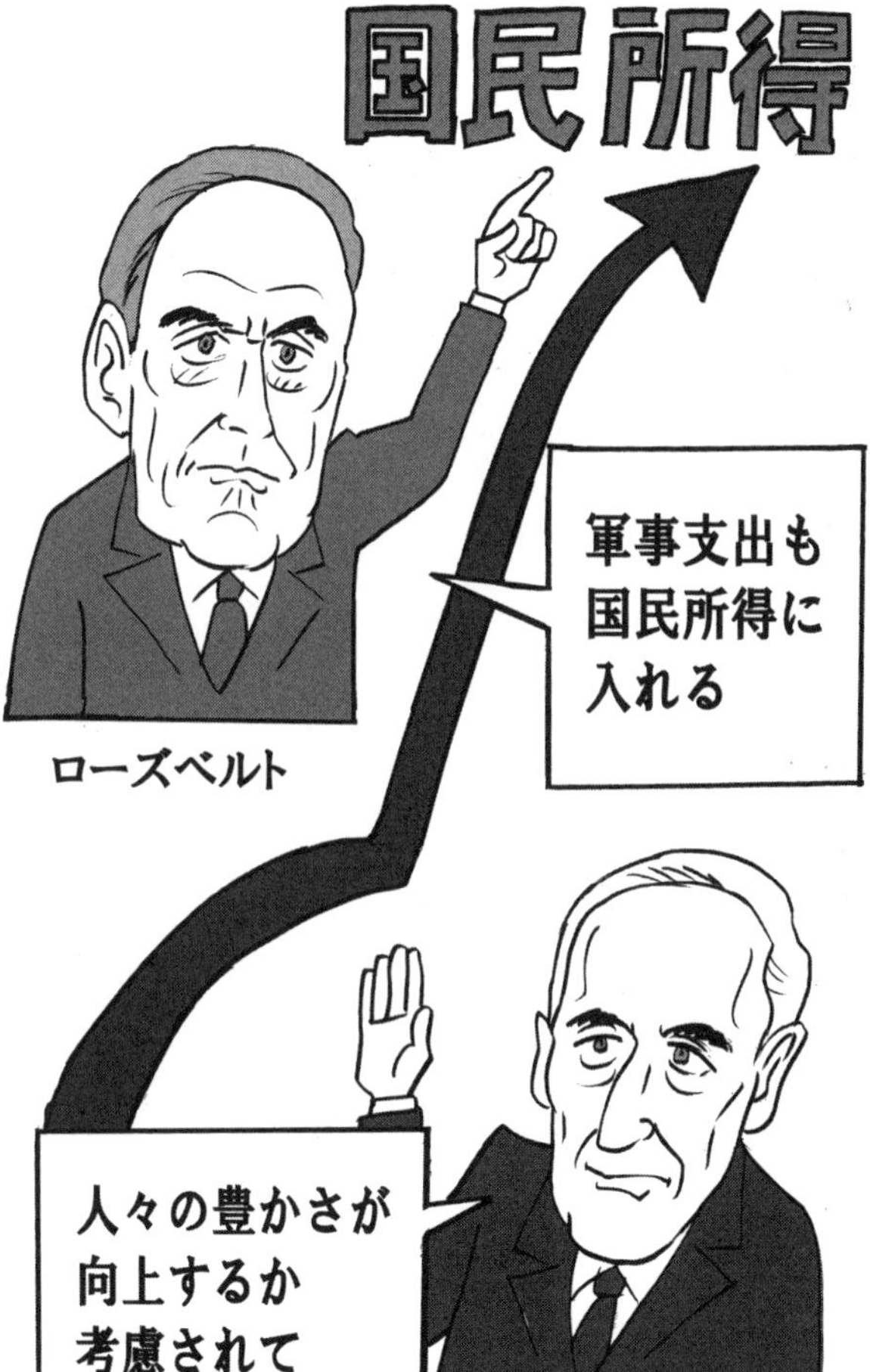
国民所得
軍事支出も
国民所得に
入れる
ローズベルト
人々の豊かさが
向上するか
考慮されて
いない
クズネッツ

を立てようがない。国全体のデータ収集はマクロ政策にとって欠かせないと気づいたのである。

コイルはクズネッツの敗北は国民所得計算のターニングポイントになったとの見方を示している。

†政府の意向に沿う統計

18世紀初めに近代の産業が誕生して以来、20世紀前半までの2世紀にわたり、経済と言えば民間の活動を指していた。政府は脇役であり、戦争で増税するときに話題にのぼる程度だった。政府の役割は次第に大きくなり、19世紀半ばのイギリス・ヴィクトリア時代以降、政府は従来の国防と司法に加え、道路や水道の整備なども担うようになった。

大恐慌と世界大戦は、政府の支出なくしては難局を乗り越えられないとの認識を人々の間に植え付けた。軍事支出を計算から除外するというクズネッツの主張をアメリカ政府が拒否したのは当然だった。政府が国民所得の計算を命じたのは、「大きな政府」を正当化するデータが欲しかったためであり、人々の豊かさを測るためではなかった。

クズネッツは1971年、「経済および社会の成長に関する構造および過程を深く洞察するための経済成長に関する理論を実証的手法によって構築した」功績でノーベル経済学賞を受賞したが、このときの記念講演で、国民所得統計には環境汚染や天然資源の枯渇、都市化による弊害などが反映されていないと指摘した。記念講演の30年前にアメリカ政府が決断を下したときに抱いていた問題意識を持ち続けていたのである。

アメリカ政府が国民所得の集計を始めた頃、イギリス政府も動き出していた。キーマンとなったのはジョン・メイナード・ケインズである。

ケインズは1940年、『戦費調達論』という小冊子で、当時の経済統計を批判した。イギリスの生産力、兵力の動員、戦闘に必要な資源、人々の消費や生活水準に関するデータが全く足りないと指摘した。

ケインズはリチャード・ストーン、ジェームズ・ミードという二人の弟子とともに大蔵省に移った。

ストーンらは、集計する項目を精査し、データ収集と足りないデータの推測に取り組んだ。そして戦時経済を統制するために統計データを整備し、現代の国民経済計算、GDPの原型をつくった。国民所得計算に複式簿記を導入し、データの正誤をチェックできる仕組みを整えたのも、大きな貢献だ。国民総生産は国民所得に等しくなるという現在では当たり前の恒等式の基礎となった。

ケインズは弟子二人の仕事を監督し、国の新たな統計機関である中央統計局の設立にも関与した。

1941年、イギリス政府はストーンとミードが作成したデータを政府予算案と一緒に発表した。

大恐慌と第2次大戦の中で生まれた国民所得計算は、やがてケインズ経済学と呼ばれる体系を支える道具としても役立つようになった。ケインズ経済学には第5章で改めて触れるが、様々な経済変数同士の関係を論じる体系であり、マクロの集計データが理論の土台を固めた。

ケインズ経済学は失業が発生する不況時には政府が財政・金融政策を発動して経済を下支えするべきだと説く。一国全体の状態を示すマクロのデータは、政府が市場に介入する判断材料として欠かせない存在となったのである。

コイルは1940年以降のGDPの歴史はそのままマクロ経済学の歴史だったと総括している。

ストーンは1984年、「国民勘定のシステムの発展に対する基本的な貢献と実証的な経済分析の基礎の多大な改良」でノーベル経済学賞を受賞した。(ミードは1977年、「国際貿易に関する理論および資本移動に関する理論を開拓した業績」でノーベル経済学賞を受賞している)

本章では、激動の120年間に、経済学者たちが景気循環の周期や経済の規模を計測してきた経緯を振り返った。マクロデータは第2次大戦後に隆盛を誇ったケインズ経済学を支える有力な道具となった。1970年頃からケインズ経済学が下火になるにつれ、学界ではマクロデータに対する関心が薄れていったが、景気動向指数やGDPの原型である国民所得計算はマクロ経済を語るうえで欠かせない存在であり、政策判断の拠り所にもなっている。

†GDPの役割と限界

GDPの創設者の一人であるクズネッツが指摘していたように、GDPには当初から限界や問題点が潜んでいた。コイルの解説を参考に、論点を補足しておこう。

コイルによると、GDPが誕生した当時は経済の構造が現在よりも単純であり、全体を把握しやすかった。経済の構造が複雑さを増すにつれ、算出の方法がおそろしく複雑になっている。国際連合は統一基準を設定しているものの、国によって計算の精度や方法が大きく異なるのが実情だという。国際比較の指標としてそもそも信用できるのかという疑念が浮かぶ。

ＧＤＰは訴訟などのネガティブな活動によっても増える。ＧＤＰは単に産出額を測る指標であり、生活の豊かさを測る指標ではないとコイルは強調し、そもそも金融をＧＤＰに含めるべきなのかと問いかけている。軍事支出を除外せよと要求したクズネッツに通じる主張だが、豊かさを測る指標ではないと言い切るのはどうか。国民の生活水準を測る指標として完全ではないにしても有効な指標なのではないだろうか。

コイルによると、ＧＤＰには元来、サービスを測定しづらい弱みがあるが、現にテクノロジーの新たな波がイノベーションの測定能力に疑問を投げかけている。サービスや「無形資産」が先進国経済で存在感を増し、形のない無償のオンライン活動などが活発になっている。また、コイルは新製品やサービスが続々と出現しているが、質の向上や多様性を捉えきれていないという指摘もしている。

コイルはＧＤＰの存在意義を根底から問う声もあると解説している。①ＧＤＰは経済成長を重視するあまり地球環境への配慮を見過ごしている、②人々の本当の幸福を映し出す指標が必要だ、③ＧＤＰは社会の格差や不平等を隠蔽《いんぺい》している、といった意見だ。

筆者はこうした意見を尊重すべきだと考えるが、ＧＤＰの計測をストップするわけにはいかないだろう。様々な批判を受け止めながら取り扱いに注意するのが、賢明な使い方ではないか。貧困と福祉を測定する目的で生まれた人間開発指数（ＨＤＩ）をはじめ、様々な指標を比べながら国民の「真の豊かさ」を見極めるしかない。

世界各国が国際比較や国際資金援助の尺度として利用している以上、ＧＤＰの弱みを補い、欠けている要素を反映させ、計測の精度を上げていく努力はこれからも必要だろう。ただ、そうした努力を積み重ねても、ＧＤＰが人々の豊かさを完璧に映し出す指標になるのは難しい。様々な集計データを積み上げて全体を推し量るという手法自体にほころびが目立っているからだ。

第5章

大不況の中で生まれた経済理論

†経済理論は思考実験の道具

「景気は回復している」と説明する政府と、「生活が苦しくなっている」と感じる国民。両者の認識ギャップの背景を探るため、第4章に続いて本章でも、景気や経済成長の問題に向き合ってきた学問である経済学の見方を紹介する。

第4章では、19世紀初頭に資本主義経済が確立した後、120年にわたる激動期を中心に、経済学者たちが景気循環の周期や経済規模の「計測」に注力してきた軌跡を追った。

本章では、同じ時期に生まれた「理論」に焦点を当てる。経済学者たちは景気循環や経済成長をどのように捉え、経済理論を作り上げてきたのかを整理する。

経済学者たちは「計測」と「理論」を車の両輪として景気や経済成長の問題にアプロー

チしてきた。繰り返しになるが、経済学者たちが築き上げてきた「計測」と「理論」の根底にある「経済学の思考法」は多くの人々の意識の奥底に入り込み、政府の景気判断や、私たちの認識や実感にも大きな影響を与えていると筆者はみている。

経済現象を捉えやすくするために生まれた思考法がかえって私たちの視界を曇らせ、政府と国民の相互不信の原因になっているのではないだろうか。相互不信を解消していくためには「経済学の思考法」とは何かを確認しておく必要がある。

話を先に進める前に、経済理論の意義について確認しておこう。東京大学名誉教授の井《い》堀利宏《ほりとしひろ》は経済学の入門書でこう解説している。

実験を通じて、ある主張（＝仮説）を明らかにすることを「科学」という。経済学も立派な科学だ。実験の結果や実際のデータを検証し、様々な主張（＝仮説）を明らかにしているからだ。経済学ではてんびんやフラスコといった実験道具は使わない。その代わりに架空の世界を想定して経済社会の仕組みを表すミニチュア（＝モデル）を組み立て、それを利用して思考実験を行う。

架空の世界で物事を考えるときには、まず単純な世界での仕組み（＝モデル）を組み立てると、私たちがお金を稼いだり、消費したりする経済的な活動の流れをはっきりさせることができる。

この解説に登場するモデルを理論と言い換えても良いだろう。経済理論は、経済活動の流れをはっきりさせることができる便利な道具なのだ。

「経済理論は経済現象を見やすくするレンズのようなものだ」と説明する経済学者もいる。経済学者たちは手間暇をかけてレンズの性能を高めようとしてきたといえる。

†レンズの取り扱いに要注意

景気循環や経済成長は経済学の重要な研究テーマであり、膨大な研究の蓄積がある。レンズの種類は豊富だ。精巧なレンズを通して日本経済を見つめ直せば、袋小路から脱出する方法が見つかるかもしれないと期待させる。では、政府や国民が高性能のレンズを装着した眼鏡をかければ（経済学をしっかりと学べば）正しい判断ができ、信頼関係を取り戻しながら日本経済を再生できるのだろうか。

筆者は、経済学のレンズには大きな効用があるが、万能ではないとみている。レンズには様々な種類があり、使う場面を慎重に選ばないと、かえって視界が悪くなりかねないからだ。誰がいつ、どんな状況で製作したレンズなのか、現在でも使える状態なのかを確認してから使うべきだ。

取り扱いに注意を要するような、ややこしいレンズなら要らない、経済学など不要だという声が聞こえてきそうだが、経済学という名のレンズは知らず知らずのうちに私たちの意識の中に入り込んでいる点にも注意が必要だ。自分は全く経済学とは縁がないと考えている人でも、無意識のうちにレンズを通して風景を見ている可能性がある。

ジョン・メイナード・ケインズの弟子で、女性初のノーベル経済学賞候補として何度も名前があがったジョーン・ロビンソンは「経済学を学ぶ目的は、経済問題に対する一連の受け売りの解答を得ることではなく、いかにして経済学者にだまされるのを回避するかを知ることである。」（根井《ねい》雅弘《まさひろ》訳）という名言を残した。

経済学には様々な学派や学説があり、「正しさ」を競い合ってきた。経済学の歴史をたどれば、新古典派経済学に連なる主流派への一極集中が進んできたといえるが、それ以外の学派や学説も生き残っている。「異端派」と目されたロビンソンはこの言葉に主流派経済学への批判の意を込めたのだろう。

この名言は様々な文脈で引用されるが、筆者は「特定の学派の考えや学説に無意識のうちに引きずり込まれないようにしよう」という呼びかけだと受け止めている。経済学の様々なレンズを正しく使いこなすためには、知らぬ間に覗き込んでいるレンズから意識して視線を逸らす行為も必要になる。使い方次第では、経済学のレンズは「実感なき景気回復」から脱出する手掛かりになるのではないだろうか。

†三人の経済学者

さて、これから三人の学者を取り上げる。カール・マルクス、レオン・ワルラス、ジョン・メイナード・ケインズである。マルクス経済学、新古典派経済学、ケインズ経済学と呼ばれる三大学派の生みの親であり、彼らを抜きにしては経済学の歴史は語れない。

三人には共通点がある。120年にわたる激動期に独自の理論を作り上げ、後世に大きな影響を与えている。本書が焦点を当てる激動期に独自のレンズを製作した人たちなのだ。

マルクスやケインズに比べると一般にはワルラスの知名度は高くないが、現代経済学の主流派は新古典派経済学であり、ワルラスの生み出した理論は現在の景気循環理論や経済成長理論の基礎にもなっている。

三人が残した知的資産は膨大だ。ここでは彼らの理論や思想の詳細には立ち入らず、本書のテーマである「景気循環」や「経済変動」を三人がどのように把握し、どんな目的でレンズを製作したのかに絞って記述する。この点が明らかになれば、三人が製作したレンズには、現在でも覗くだけの価値があるのか、使用上の注意点は何かを見定めることができるのではないか。

結論を先取りしよう。三種類のレンズはなお強力であり、目の前の経済現象を見やすくする。ただ、三種類のレンズが完成した当時と現在の時代背景の違いを頭に入れておかないと、現状を見誤る恐れがある。レンズが映し出す世界はあくまでも虚構なのだと理解したうえで、改めて現実と向き合うのが正しい使用法であろう。

†マルクスの問題意識

カール・マルクスはボン大学とベルリン大学で法学を学んだ。歴史や哲学に対する関心が強く、「デモクリトスとエピクロスの自然哲学の差異」と題する学位論文で哲学の博士号を取得した。ボン大学の講師になろうとしたが、哲学で現実を理性的なものに変えていくと考える急進主義は受け入れられず、学者への道を断念する。

1842年、ドイツ・ケルンのライン新聞の編集者となり、政治や経済の問題に関心を深めていく。

経済学に関する最初の著書は『経済学・哲学草稿』（1844）だ。アダム・スミスの『国富論』（1776）から刺激を受け、著名な経済学者たちの著作からの抜粋を引用しつつ、長文のコメントを書き加えている。この時点でマルクスは20代。出版はマルクス死後の1932年である。

ここで「疎外された労働」の議論を展開する。これまでの経済学は、商品や貨幣、資本といった私的所有制度を前提にしている。まず問われるべきなのは、私的所有物が存在する理由である。私的所有が存在する限り、経済格差や貧困、恐慌の問題は発生する。

私的所有が存在する根本的な理由は「疎外された労働」である。労働が疎外された形になっているために、私的所有が人間から離れて力を持っている。

近代社会では、ほとんどの労働者は資本家に雇われて仕事をしている。賃金労働者は雇い主の指示に従うしかなく、自分の意思では働けない。働く主体は自分でありながら、労働は自分とは疎遠な存在になっているとみるのが、「疎外された労働」の考え方である。

マルクスが経済学に足を踏み入れたのは10年周期で恐慌が起きている最中であった。経済学に関心を持ち、スミスらの著書を熱心に勉強したが、物足りなさを感じた。当時は資本家、労働者、地主の三階級からなる社会であったが、労働者の視点に立った理論は見当たらなかった。

苛烈な恐慌を目の当たりにして「資本主義経済をこのまま放置しておけば労働者は疎外されたままだ」と資本家および資本主義そのものに批判の矛先を向けたのである。

1844年にフリードリヒ・エンゲルスと再会したマルクスは共に思索を重ね、唯物史観に到達した。フリードリヒ・ヘーゲルの弁証法に基づく歴史観を転倒させ、「物質的な現実」が人々の意識を規定し、現実にある矛盾が人々を動かし、歴史が進行すると唱える歴史観だ。エンゲルスとの共著『ドイツ・イデオロギー』（1845〜46）で唯物史観を固める。

1847年、再び恐慌が起きる。1848年、マルクスとエンゲルスは共産主義者同盟の綱領として『共産党宣言』を起草した。フランス二月革命の直前である。

†共産主義社会という夢

「万国のプロレタリアよ、団結せよ。」で終わる文章は、革命を促すプロパガンダのイメージが強いが、本文では、ブルジョア（資本家）階級が政治・経済で築いた地位を脅かされる軌跡を唯物史観によって説明している。

ブルジョア階級は過去のすべての世代を合計したよりも大規模な生産諸力を作り出し、封建社会の所有関係は時代に合わなくなって粉砕された。

代わって自由競争の社会が現われ、ブルジョア階級が経済や政治を支配するようになった。

ところが、巨大な生産手段や交通手段を魔法で呼び出した近代ブルジョア社会は、「自分が呼び出した地下の悪魔をもう使いこなせなくなった魔法使いに似ている。」とマルクスは表現する。

周期的に起きる恐慌はブルジョア社会の存立を脅かす。恐慌が起きると過剰生産という疫病が発生する。ブルジョア階級は、一定量の生産諸力を無理に破壊するか、新しい市場の獲得と古い市場のさらなる搾取《さくしゅ》によって恐慌を克服しようとするが、もっと強大な恐慌の準備をしているに等しい。

ブルジョア的生産関係は商品と貨幣の関係に基づいており、生産諸力の拡大に歯止めがかからなくなる。恐慌の発生を防げなくなるのだ。巨大な生産諸力を使いこなせなくなったブルジョア社会では生産諸力と生産関係の矛盾はブルジョア階級とプロレタリア（労働者）階級の闘争をもたらす。プロレタリア階級は団結して闘うために結社（アソシエーション）を作り、ブルジョア階級に打ち勝って支配階級となる。プロレタリア階級の独裁と、すべての階級が止揚された共産主義社会の成立を導き出している。
しかしマルクスの見立て通りにはならなかった。フランス二月革命後、欧州各地で労働者や農民の革命運動が広がったが、各国政府は次第に弾圧を強め、革命は失敗した。マルクスの身辺は慌ただしかった。二月革命が勃発した後、ブリュッセルからパリ、ケルン、再びパリへと逃れ、1849年に家族と共にロンドンにたどり着いた。

†労働価値説

1847年の恐慌に直面したマルクスにとって「体制転換」は夢物語ではなかった。労働者階級は現実に革命運動を起こし、その運動には理論の裏付けと正当性があると信じて『共産党宣言』を書き下ろしたのだろう。

二月革命に敗れ、イギリスに亡命したマルクスは1850年秋頃から大英博物館の読書室に通って様々な分野の書を読み、次の恐慌を待ち望みながら研究に取り組んだ。1864年、エンゲルスと共に国際労働者協会（第一インターナショナル）の設立にかかわるなど現実への関心を失わなかったが、晩年は研究者として資本主義を見つめ続けた。そうして1

867年に完成したのが『資本論』第一巻なのである。(以下では、マルクスの死後、エンゲルスが編集した第二、三巻を含めて『資本論』と呼ぶ。)

『資本論』によると、資本主義社会とは、商品の生産が全体を覆っている社会だ。資本主義が発達すると、商品の生産が拡大し、富が急増する。商品は貨幣を媒介にして取引されるため、人々の生活は経済全体の動きに左右されやすくなり、不安定になる。

マルクスは商品の価値を決めるのは、その商品を生産するために投入した労働量だと考える「労働価値説」を採用する。

私的所有制度の下では、労働力も商品化の対象となる。自由な意思を持って働ける反面、生産手段からは切り離されている労働者の存在が商品化の前提だ。労働者は生存を維持するために労働力を商品として売るしかない。労働力を購入するのは、生産手段を所有する資本家だ。

資本家の目的は資本の増殖である。労働力の交換価値(市場価格)は、労働を再生産するのに必要な労働時間によって決まる。労働者が生活を維持するために必要な、衣食住のための生産手段の価値はおのずと決まり、その水準に労働力の交換価値は決まる。

資本家は交換価値の水準で労働力を手に入れるが、労働者を生活維持に必要な水準を超えて働かせる。その差額が「剰余価値」となって資本家の懐に入る。労働者の側から見ると自分が生み出した剰余価値を資本家に「搾取」されている。

資本家は剰余価値をできる限り増やそうとする。労働時間を延長して「絶対的剰余価値」を増やす方法と、労働の生産力を高めて「相対的剰余価値」を増やす方法がある。労働時間の延長には限界があるため、資本家はある時点から、優れた技術や機械を導入して労働の生産力を高め、相対的剰余価値を増やす方に軸足を移す。

他の資本家に先駆けて生産力を増強した資本家は、商品の価値と実際に投入した労働量との差額を手に入れ、大きな剰余価値（「特別剰余価値」と呼ぶ）を得られる。

資本家同士は常に新技術や機械を導入し、価格競争を繰り広げる。競争は激化し、生産力が急拡大する。

労働者は生産手段に注意を払い、その価値を生産物に移転し、価値を付け加える。労働者は生産手段の都合に合わせて働くが、生産に必要な知識を得られなくなる。労働者の立場はますます弱くなる。資本の増強（蓄積）が進むにつれ、労働者の雇用は減り、過剰な労働人口を生む。過剰な労働人口は「産業予備軍」となり、働きたくても働けない失業者が発生する。

†資本家の行動で循環する景気

『資本論』では、恐慌が発生する過程を描き出している。

恐慌が発生する背景には「貨幣」の存在がある。新古典派の経済学者が唱えるように、市場の調整機能を通じて労働や生産物の供給が決まるのなら、過剰生産は発生しない。現実には貨幣が存在するために、商品の売れ残りが生じる。

ある商品を販売できるかどうかは、その商品を購買する人がいるかどうかで決まる。貨幣を使うかどうかは、所有している人次第である。販売不振が連鎖し、経済全体が過剰生産になる現象が恐慌だ。

ここで資本家が登場する。資本家は部門別の利潤率を比べ、利潤率が低い部門から高い部門へ資本を移す。この過程で各部門の利潤率は同一の水準に落ち着く。資本家同士の競争の中で利潤率は低下していく。

マルクスはこうした基本構造を踏まえ、景気循環のパターンを描写している。

恐慌後の停滞を抜け出すと、新たな景気循環が始まり、新しい市場や技術、使用価値が生まれる。「中位の活気」と呼ばれる時期であり、生産力が高まる。この局面では需要が高まり、商品の市場価格は上昇する。

景気循環は「繁栄期」に入り、生産手段や労働力に対する需要が高まって資本の蓄積が進むが、利潤率は低下し始める。

資本家は強行突破しようとして資本を増強する。そのうちに「過剰生産期」を迎え、利潤率はさらに低下する。

やがて限界が訪れ、資本を蓄積しても利潤の総額が減る「資本の絶対的過剰生産」の状態となる。資本の蓄積は止まり、生産手段に対する需要は急減し、労働者の多くは失業する。消費需要は減り、利潤率はさらに低下して恐慌が発生する。

資本家は恐慌の下で生産を調整する。生産手段や労働力の価格が低下するため生産費用は減るが、それだけでは経済は回復しない。生産技術のさらなる向上や市場の開拓を進め、恐慌から脱出する。

†労働者の苦況を映すレンズ

こうした記述だけを見ると、マクロ経済学の入門書でよく見かける景気循環の流れとそれほど変わらない。革命が起きない限り、資本家には恐慌から脱出できるチャンスがある。

『共産党宣言』を執筆した頃のマルクスは恐慌が革命の契機になると考えていた。現実に1848年のフランス二月革命は47年の恐慌直後に起きた。しかし、57年に発生した恐慌は革命につながらず、期待ははずれた。

マルクスは、資本家と労働者の対立に焦点を絞り、労働者がいかに苦しい立場に追い込まれているかを見やすくするためのレンズを製作した。資本主義社会では資本家と労働者は決して対等ではない。奴隷制社会とは異なり、資本家は労働者を直接、支配しているわけではない。労働者は生計を立てるために自ら進んで資本家の下で働いているが、知らず知らずのうちに「搾取」されているのだ。資本主義経済の中では、資本家による「搾取」は正当な行為である。

マルクス製のレンズを覗き続けていると、恐慌が発生するまでの景気循環のプロセスが浮かび上がる。職場で訓練を受け、組織を形成する労働者たちの反抗が強まる。そのうちに労働者たちは革命を起こし、資本家を打ち破る場面で終わってしまう。

労働者が資本家に勝利し、社会主義国家を樹立したら、どのように運営すべきなのか。いくらレンズを覗き込んでも具体的な姿は現れない。

マルクスは『資本論』第一巻の完成後も思索を重ねた。晩年に書き残した「抜粋ノート」に現代社会に通じる重要な構想が含まれていると注目する研究者もいるが、マルクスは別のレンズを完成させてはいない。

マルクス製のレンズは資本主義の問題点をくっきりと映し出すが、資本主義に代わるシステムはおぼろげにしか見えない。資本主義の枠内で問題を解決していくのか、それとも別のシステムを設計するのか。レンズを覗かずに自ら考えるしかない。

†ワルラスの正義論

レオン・ワルラスは1853年、フランスの名門校、理工科学校の受験に失敗した。数学の能力不足のためだった。そこで、数学を学び直して再受験したが、二度目も失敗した。受験には失敗したが、この間に数多くの数学や科学の本を読んで勉強した。その中の一冊が数理経済学の先駆者、オーギュスタン・クールノーの『富の理論の数学的原理に関する研究』(1838)である。

国立鉱山学校に入学して学び始めたものの、興味がわかず、小説の創作にふける。経済学者の父、オーギュスト・ワルラスから「世の中にはいつもたくさんの作家がいるが、必要とされるのは社会科学者だ」と説得され、経済学を一生の仕事にすると決意したのは1

マルクス
搾取
資本家
労働者

858年である。

ワルラスの最初の研究テーマは経済学と正義、道徳との関係であった。1860年、スイス・ローザンヌで開かれた国際租税会議で研究成果を報告した。その詳細が『経済学と正義、プルードン氏の学説の批判的検討と反駁』(1860)だ。ピエール＝ジョゼフ・プルードンはフランスの社会思想家であり、独自の無政府主義を唱えて大きな影響力を持っていた。

プルードンには「所有の理論」があるが「交換の理論」がない。希少性がある商品の市場価値を論じる「交換の理論」が「所有の理論」の前にあるべきだと指摘した。

ワルラスの正義論の根底にあるのは「条件の平等と地位・報酬の不平等」の考え方である。個人は自由に行動し、才能と能力に応じた地位を獲得する権利を持っている。そのためにはまず、国家が個人に条件の平等を保証する必要がある。ひとたび条件の平等が保証されるなら、その後に生じる地位や報酬の不平等は是認できる。国家が個人の所得を平等にする施策は正義に反すると唱えたのである。ワルラスは土地の国有化論などとともに、こうした考え方を父から受け継いでいた。

†限界効用理論

フランスの経済学界を牛耳っていたのは自由放任論を奉じる学派だった。ワルラスの「交換の理論」は自由主義の思想と相通じるはずだが、学界からは疎まれた。社会主義への関心を持ち続け、自らの立場を「科学的社会主義」と呼び、一般均衡理論を幅広い体系の一部と位置付けていた。国家による介入や土地国有化を提唱するワルラスがフランスの経済学界から敬遠されたのも無理はない。

ローザンヌ国際租税会議での報告が機縁となり、ワルラスは1870年、ローザンヌ大学に赴任した。36歳のときである。普仏戦争が終局を迎え、プロイセン軍はパリを包囲した。ワルラスは危険なパリを迂回してローザンヌに向かった。就任講演では、フランスの国防のために戦線に送られる可能性に言及し、「その場合には同情と親愛の心とをもって私を想い出してください。」と呼び掛けた。

そのうえで「私は諸君のなかに経済学および社会倫理学の原理を良心的に教え込む固い決心をしています。この原理によれば、現在われわれが恐怖をもって眺める世界に、今日不正にして邪悪なる野心の跳梁にまかされた世界に、富の増加と正義の勝利とを保証することができましょう。」（丸山徹著『ワルラスの肖像』から引用、出典は『安井琢磨著作集』に所収の「ワルラス」）と訴えている。

混乱の極みにある現実の世界に惑わされず、経済学や社会倫理学の原理を解き明かすのが学者の使命であるとの考え方がにじみ出ている。

ワルラスはローザンヌ大学で「純粋経済学」（「交換価値の理論」）、「応用経済学」（「社会的富の経済的生産の理論」または「分業を基礎とする産業組織の理論」）、「社会経済学」（「社会的富の分配の理論」）の三分野を担当した。

純粋経済学の集大成が『純粋経済学要論』（1874〜77）であり、そこで展開した一般均衡理論が現代経済学の基礎理論になったのである。それ以外の二分野もワルラスの「科学的社会主義」にとっては重要だったが、後世に残っているのは純粋経済学だけである。

ワルラスは、イギリスのウィリアム・スタンレー・ジェヴォンズ、オーストリアのカール・メンガーと共に経済学の「限界革命」の担い手となった。

三人は、ある商品をもう一単位追加して消費すると得られる効用（満足度）の増加（＝限界効用）が商品の価値を決めると考える「限界効用理論（主観価値説）」を打ち出した。古典派経済学やマルクス経済学が依拠している労働価値説に代わる価値論を提示したのである。

†価格調整で均衡する市場

一般均衡理論の世界を覗いてみよう。考察の対象は市場経済を核とする一つの国民経済だ。経済の主役は個人（地主、資本家、労働者）であり、一定の主観的な価値判断に従って合理的に行動する。地主は土地を、資本家は資本を、労働者は労働力を提供する。提供する相手は「企業者」だ。

企業者は三者から集めた生産要素を活用して生産物を生み出し、供給する。生産要素の対価として地主には地代、資本家には利子、労働者には賃金を支払う。三者は獲得した収入を消費に回す。三者は生産要素を提供するときは「生産者」として振る舞い、生産物を購入するときは消費者となる。

社会全体には様々な商品が存在する。市場には商品を供給する多数の生産者と、商品を需要する多数の消費者が存在する。個々の生産者の供給量と個々の消費者の需要量は、市場全体の需要量や供給量に比べると極小であり、仮に個々の需要量や供給量を変化させても、価格には影響を及ぼさない。

この状況では、個々の生産者と消費者は与えられた価格の下で行動するプライステイカー（価格受容者）である。

そして消費者は効用（満足度）を最大に、生産者は利潤を最大にするように、個々の需要量と供給量を決定する。

個々の需要量と供給量を社会全体で合計すると、商品別に総需要関数と総供給関数を得られる。

すべての商品の市場で需要と供給が一致している状態では、商品別に総需要＝総供給という関係式が成立している。この状態を「一般均衡」と呼ぶ。

ワルラスは「一般均衡」の存在を示したが、均衡に至る調整過程に関する記述はない。その代わりに、すべての取引を一人で請け負う「競り人」の存在を仮定する。競り人は、すべての市場を均衡させる価格体系を見いだし、一斉に提示する。各市場は一気に一般均衡に至る。

ワルラスはパリの証券取引所をモデルに一般均衡理論を生み出し、その世界を数式で表現した。フランスには「学問の中で最も規範となるのは数学である」とみるルネ・デカルト以来の伝統がある。ワルラスは経済学を立派な学問にしたいとの情熱を持ち、数式を駆使して一般均衡理論を作ったのである。

ワルラスが一般均衡理論を完成させたのは、欧米が「大不況」(1873〜96)に陥っていた時期である。価格調整によって市場は均衡すると説く一般均衡理論は、大不況とは相容れない理論のようにも見えるが、ワルラスの目には何が映っていたのだろうか。

†労働者と資本家が対等になる世界

20年以上に及んだ不況は、それまでの不況とは様相が異なっている。大不況の震源地となったイギリスは二十数年にわたって深刻な不況に苦しんでいたわけではない。国によっても不況の度合いは異なる。一括して「大不況」と呼ぶのは適切ではないと主張する研究者もいるが、ここでは通説に従ってこの期間を「大不況」と見なす。

大不況の直前の状況を見ておこう。1840〜70年代初頭に産業革命は一巡した。先進各国はイギリスに追い付き、工業国家として競合する関係となった。アメリカでは南北戦争(1861〜65)で一時中断していた鉄道建設が再開し、69年に大陸横断鉄道が完成した。人口移動や都市開発による建設ブームが到来した。ドイツは普仏戦争(1870〜71)の勝利で賠償金を獲得し、補助金を通じて起業ブームが起きる。鉄道建設と不動産投資も活発になり、バブルが発生した。

1873年、バブルは崩壊した。オーストリアで株価が暴落し、銀行や企業の倒産が相次いだ。物価の下落が続き、デフレ不況となった。不況はドイツやイギリスなどにも波及する。

ただ、大不況（1873～96）の期間全体を通して経済が停滞していたのではない。イギリスとフランスの工業生産は大不況の期間中に1・5倍、アメリカは2・5倍、ドイツは2倍に増えた。アメリカとドイツではこの間にも鉄道建設ブームが何度か起き、鉄鋼、電機、化学などの新しい産業分野が発達した。アメリカとドイツでは輸出の伸びも大きかった。

この間の実質成長率はアメリカが平均4・5%、ドイツが平均2・3%、イギリスが平均1・9%、フランスが平均1・7%だったとの推計もある。各国の経済活動の水準は決して低くはなかった。

大不況の中心地であったイギリスでは1810年代から物価は下落し続けていた。イギリスにとって19世紀はデフレの世紀といえるが、実体経済は成長を続けた黄金時代だったとの見方もできる。

1870年頃から、労働者の生活水準が向上し始めた。イギリスでは平均賃金が生活を維持する水準を超え、週60時間労働に満たない労働者も現れた。

労働者階級が苦境に陥る中で資本主義の修正を目指す「改良主義者」や社会主義者からの圧力が強まり、1870年代から多くの国が労働災害保険、健康保険、老齢年金や失業保険などの制度を導入する。児童労働の制限や、女性の労働条件の規制も広がった。

多数の労働者が貧困に陥った過去の不況とは性格が大きく異なったのである。

ワルラスの一般均衡理論の中には労働力を提供する労働者が登場し、労働量を自己決定する。地主や資本家と同様に自己の裁量で行動できる存在として描いている。

労働者を取り巻く環境の改善が、一般均衡理論が生まれた背景にあるのは確かだ。一般均衡理論に登場する消費者は生活に困窮する様子はない。第2次産業革命によって各国の生産力が高まり、人々の需要に応えられるだけの生産が可能になった。商品に対する需要の面に着目する「限界効用理論」はこうした時代の変化がなければ生まれなかっただろう。

だが、一般均衡理論は現実をそのまま模写したモデルではなく、あくまでも思考実験の道具なのだと注意を喚起しておきたい。

労働者の地位や生活水準が向上したとはいえ、現実にはなお労働者は地主や資本家と対等ではないとワルラスは知っていた。土地の国有化を唱えたのは、国は地代などで歳入を賄えるようになり、労働者の賃金への課税は不要になると考えたためだ。一般均衡理論の世界を実現できるのなら、労働者と資本家は対等の立場で行動できると想像したのだ。

†「合理的な」理想郷を映すレンズ

ワルラス製のレンズを覗いてみよう。無数の人間が自由に行動している。生産者として行動するときも、消費者として行動するときも「目的を達成するために合理的に選択する」という行動原理は同じだ。生産物が提供されると誰かが購入し、みんな満足した表情をしている。レンズはすべてのモノやサービスの市場を映し出しており、経済全体（マクロ経済）の様子が分かる。

商品が大量に売れ残ることはなく、恐慌は発生しない。反対に物不足になって値段が上がりすぎることもない。同じ光景が何度も繰り返され、世界は極めて安定している。この世界に外部から介入する必要はないと確信する。

ワルラス製レンズが映し出す世界はあくまでも虚構であるが、現実の世界と全くかけ離れているのなら、経済学の基礎理論にはならなかっただろう。このレンズの怖さは、レン

ワルラス
C
価格
均衡点
供給
生産縮小
需要
数量
B
価格
均衡点
供給
生産拡大
生産縮小
需要
数量
A
価格
均衡点
供給
生産拡大
生産縮小
需要
0
数量
生産者と消費者

ズの向こうにある世界こそ理想郷であり、個々人は理想を目指して頑張るしかないという規範性を備えているところにある。個々人が合理的に行動すれば世界は均衡状態に落ち着くとの見方は経済学に関心がない人の間にも知らず知らずのうちに広がり、意識の中に定着している。

現実にその通りになるのなら良いが、理想郷はどこにあるのか。そもそも、無数の人間が同じ原理に従って行動するという前提には無理があるように見える。いったんレンズに頼るのをやめ、現実の世界を見つめ直す必要があるだろう。

経済学者たちはワルラスのレンズが映し出す世界の中に様々な要素を付け加え、レンズの精度を高めて現実の世界に近づけようとしている。精度の高いレンズは私たちに何を見せてくれるのか。その内容には本章の後段で改めて触れる。

†パンフレットと大著を遺したケインズ

ジョン・メイナード・ケインズは1908年、2年足らずでインド省を辞め、翌年、ケンブリッジ大学キングス・カレッジのフェローとなった。

ケンブリッジ大学に戻った当初は「確率論」に熱中していたが、数年後には経済学の才能が開花する。1913年、『インドの通貨と金融』と題する最初の著作を出した。この年にケインズは30歳となった。

以来、『平和の経済的帰結』(1919)、『確率論』(1921)、『貨幣改革論』(1923)、『貨幣論』(1930)、『雇用・利子および貨幣の一般理論』(1936)と出版を重ねた。

ケインズが執筆した、師アルフレッド・マーシャルの伝記の中に「経済学が進歩し有用でありつづけるために、新しい経済学を構築しようとする者にとって書くべきものは、大部な学術書ではなく、むしろ時論的なパンフレットなのだ。」という一文があるが、やや誇張した表現だろう。言葉通りに多様な媒体に数多くの時論を寄せつつ、学術書の執筆にも熱心に取り組み、『貨幣論』や『一般理論』といった大著を遺した。

経済学者としてのケインズの集大成は『一般理論』であり、「ケインズ革命」と呼ばれる一大潮流を生み出し、ケインズ経済学の原典となった。

『一般理論』を完成させたケインズの目にはどんな世界が映っていたのか。ケインズが不況期には政府が公共投資を実行すべきだと主張するようになったのは1920年代半ばからだ。それ以前はデフレーションを肯定し、均衡財政を重視していた。

第1次世界大戦終結後の1920年、各国は戦後不況に陥った。21年の世界貿易は約3

分の2に縮小した。その後は経済が回復し、経済成長の道を歩んだが、国によって差があった。

大きく躍進したのはアメリカだ。1929年までの10年間で自動車の生産は3倍、電力と電機の生産は2倍になった。道路や住宅、商工業施設の建設ブームが起こり、「黄金の1920年代」が到来した。1924〜25年にはフロリダの土地投機、27〜29年には株式投機が起きる。経常収支の黒字が続く中で、余剰資金が不動産や株式市場に流れ込んだのだ。

一方、イギリスでは1920年代を通じて経済の低迷が続いた。平価を切り下げたうえで金本位制に復帰した他国とは異なり、国際金融の盟主としての自負から、旧平価での復帰にこだわり、経済の回復を遠のかせた。

1926年にはゼネストが起きる。石炭、鉄鋼、造船、繊維、住宅産業などの不況業種と、自動車、化学、電機など好調な業種に分かれたが、失業者は100万人を超えていた。

1929年10月、ニューヨーク株式市場で株価が暴落し、世界中の株式市場に伝播した。31年には銀行の支払い停止や取り付け騒動が各国で相次いだ。イギリスは金本位制から離脱し、多くの国が追随した。失業率はアメリカで25%、イギリスで20%に達した。

イギリス政府は三つの対策を打ち出した。政府支出の削減、国内産業の保護、賃金切り下げである。多くの経済学者は失業者が増えた原因は高すぎる賃金にあると考え、政府と足並みがそろっていた。

新古典派経済学によると、労働市場では物価変動の影響を除いた「実質賃金」が価格の役割を果たし、労働需要と労働供給は一致する。失業が発生するとすれば、労働組合の抵抗などで賃金が下がらず、価格の調整機能が働いていないためとされる。

ケインズは新古典派の主張に納得せず、直観に基づいて大規模な公共事業の実施を唱えたものの、実現しなかった。この時点では『一般理論』は完成しておらず、直観の裏付けとなる理論が欠けていた。

そこで、ケインズ・サーカスと呼ばれた若手経済学者たちと議論を重ね、1936年に『一般理論』を完成させたのである。

†一般理論

アメリカではフランクリン・ローズベルトが1933年に大統領に就任し、緊急銀行救済法、農業調整法、全国産業復興法を制定し、ニューディール政策を実行した。「ローズベルトはケインズ政策を導入して大不況を乗り切った」とのストーリーが語られがちだが、「ニューディール政策は短期的な経済対策としては、あまり効果がなかった。ローズベルトは緊縮財政論者であり、ケインズの助言には耳を傾けなかった」との仮説を唱える研究者も多い。

『一般理論』はケインズが経済学者たちを説得するために書いた本である。難解な表現も多く、発刊当初はあまり評判が良くなかったが、経済学界で次第に影響力を強める。第2次世界大戦後には、マクロ経済学と言えばケインズ経済学を指すようになった。

『一般理論』の主役は個人ではない。消費、投資といった国全体の経済活動を構成する要素が相互に関係し合いながら動く体系だ。

消費関数、乗数理論、資本の限界効率、流動性選好といった概念を使ってマクロ経済が動く仕組みを解明する。本章ではケインズ経済学の体系を説明するのが目的ではないため、個々の概念の解説は省く。

ケインズはこうした概念を組み合わせ、労働市場の失業問題を解くために生産物市場を分析した。さらに、生産量を決める原因を金融市場に求め、投資家が安全性を求めて貨幣をため込む「貨幣愛」が不況をもたらし、労働者の失業を引き起こすと指摘した。一国の生産量がいかに決まり、「非自発的失業」が発生するのかを解明したのだ。

失業は賃金が高すぎるから発生するのではなく、「有効需要」が不足しているから発生するという命題（「有効需要の原理」と呼ぶ）を導き出した。

†ハッピーエンドを映すレンズ

有効需要は総需要と言い換えられる。購買力の裏付けがある需要である。新古典派経済学では、一国の生産量は供給能力で決まる。供給は自ら需要を生み出すという「セイの法則」が支配する世界だ。この世界では総需要が変化してもモノの値段が変化するだけであり、生産量には影響を与えない。

ケインズはセイの法則を否定した。経済が低迷し、失業が発生するのは総需要が不足しているためであり、その場合には政府が財政政策や金融政策によって有効需要を増加させれば失業や遊休設備の解消につながると主張したのである。

『一般理論』の世界を覗いてみよう。ここでは企業家、労働者、投資家が活動している。企業は労働者を雇い、生産設備を活用して商品を生み出している。企業家はできるだけ多くの商品を作って売りたいが、ある時点で売りたくても売れない状態になり、それ以上は生産しなくなる。そのうちにさらに売れ行きが悪くなり、労働時間を短縮したり、労働者を解雇したりして生産量を減らす。

投資家は金利水準を見ながら、自己資金を使って金融商品を購入するか、現金の形で持ち続けるかを決めている。「貨幣愛」が強い投資家たちは金利水準がかなり高くないと金融商品を購入しない。投資家の行動は金利水準を高める方向に作用する。企業家は設備投資によって得られる利潤の見通し（予想利潤率）が金利水準より高ければ投資を実行する。金利水準が高くなると、設備投資は縮小し、総需要は減退していく。

ここで政府が登場する。縮小均衡に陥った経済を立て直すために公共事業を発注し、企業家ひいては労働者に仕事を与える。政府は中央銀行に働きかけて金利水準を下げ、経済全体にお金が行き渡りやすいようにする。

ケインズ製のレンズは、売れ行きが減った企業や、職を失った労働者を政府や中央銀行が救済するというハッピーエンドを映し出すが、財政政策や金融政策の内容や規模、手法までは教えてくれない。政府や中央銀行の「引き際」も見えてこない。

『一般理論』には、政府が財政支出を増やして失業者がいなくなれば、新古典派経済学の世界（ワルラスの世界）に戻れば良いと受け取れる記述があるが、そう簡単にスウィッチで

不況
国
失業者
ケインズ
企業
国
労働者
公共事業
企業

きるのだろうか。平時と非常時の見極めは難しい。

ケインズ製のレンズは、経済学界では流行遅れのレンズとして人気がなくなっているが、経済学者以外には今も大きな影響を与えている。ケインズ製レンズに頼ったままの政治家たちは「全体を底上げすれば経済は良くなる」と政府や中央銀行に発破をかけ、大盤振《おおばんぶ》舞《ま》いを続けている。

政府の経済政策、民間との役割分担はどうあるべきか。ケインズ製のレンズを使わずに、現実を直視するところから始めるしかない。

†ワルラスとケインズを使い分け

ここから先は後日談である。第2次世界大戦の終結とともに激動の120年が終わり、平時に戻った後、景気循環や経済成長を研究対象とするマクロ経済学がたどった道筋を簡単にまとめておこう。

1950〜70年頃までケインズ経済学の全盛期が訪れた。経済学者たちは生産や消費、金利などの時系列データを集め、データ間の関係を明らかにしようとした。マクロ計量モデルを作り、回帰《かいき》分析《ぶんせき》の手法を使ってデータ同士の関係を特定する手法（「計量経済学」と呼ぶ）は、ケインズ経済学を支える有力な武器となった。

失業率とインフレの負の相関関係を示すフィリップス曲線は、政府が不況時に公共投資を増やせば物価は上昇するが、失業を減らせると示唆し、ケインズ政策を後押しした。

第2次大戦後の先進各国は何度かの景気後退に見舞われたものの、1930年代の大恐慌に匹敵するような不況には陥らず、成長経路をたどった。大恐慌や景気循環の研究に力点を置いていた経済学者たちは経済成長の要因を探る研究に注力するようになったのである。

戦後の経済が戦前に比べて安定した原因はいくつかある。①経済構造が変化し、景気循環を引き起こすショックやそれに対する反応が小さくなった、②政府の裁量的な経済対策が効果を発揮した、③中央銀行がマネーを安定供給するようになった、などだ。

マクロ経済が落ち着きを取り戻す中で、一世を風靡したのが「新古典派総合」と呼ばれる考え方だ。アメリカの経済学者、ポール・サムエルソンが提唱した。平時には市場の価格調整に信を置く「新古典派経済学」を適用し、不況時にはケインズ経済学に則って政府が財政・金融政策を打ち出す二分法である。平時にはワルラス製のレンズ、非常時にはケインズ製のレンズを使えば良いという発想だ。

新古典派成長理論を提唱したアメリカの経済学者、ロバート・ソローの立ち位置もこれに近い。ソローは1956年の論文で、生産量は、資本ストックと労働投入量によって決まると考える生産関数を想定し、経済が成長するメカニズムを解明した。さらに、資本ストックや労働力人口が増加しなくても技術が進歩すれば供給能力が拡大すると指摘した。経済成長率を資本、労働、技術進歩（全要素生産性＝TFP）の寄与度に分解する「成長会計」を考案した。経済成長率は技術進歩や労働人口の変化といった経済の外部要因（「外生的要因」と呼ぶ）に左右されると説いたのである。

経済成長理論の特徴は、一国の成長は供給能力の拡大によってもたらされると考える点にある。仮に総需要を増やしても、供給能力の拡大を伴わなければ経済は成長しない。ソロー自身はケインジアンを自認し、短期はケインズ理論、長期は経済成長理論と切り分けていた。

†ケインズの失墜とマルクスの退潮

1970年代に入るとケインズ経済学は学界の主流からはずれていく。フィリップス曲線が表す失業率とインフレの逆相関は長期的には成り立たないと指摘したアメリカの経済学者、ミルトン・フリードマンのアメリカ経済学会での会長講演を機に、ケインズ経済学への逆風が強まる。インフレが加速し、景気が後退する中で物価が上昇するスタグフレーションが発生し、ケインズ政策の権威は失墜した。

その後、フリードマンの流れを汲むロバート・ルーカスは「合理的期待形成仮説」を唱え、ケインズ経済学を厳しく批判した。政府が過去のマクロデータを集め、集計値に基づいて政策を実行しても、その間に人々は「合理的期待」によって行動を変えてしまう。政府の裁量に基づく政策は効果を発揮できないと訴えた。「ルーカス批判」と呼ばれ、マクロ経済学に大きな影響を及ぼした。マクロの集計量を扱うケインズ経済学には、個々の人間の行動を説明する理論（「マクロ経済学のミクロ的基礎づけ」と呼ぶ）がないとの批判も強まり、経済学界では傍流の扱いになっていく。

1980年代に入ると、技術の進歩など実体を伴う要因が景気変動を引き起こすと考えるリアル・ビジネス・サイクル（RBC）理論が登場する。個々の経済主体は合理的に行動しており、効率的な資源配分を達成している。景気変動は均衡点からの乖離ではなく、均衡点そのものの移動だと見なし、裁量的なケインズ政策は無効だと説く。

80年代半ば以降、経済成長理論も新たな展開を見せる。経済成長率は人材への投資

（「人的資本投資」と呼ぶ）など経済の内部要因（「内生的要因」と呼ぶ）に左右されると説く「内生的成長理論」が登場し、世界各国の成長率の違いを説明する理論として注目を集めた。

第2次大戦後、マルクス経済学は一定の影響力を維持してきたが、1989年の東西冷戦の終結、旧ソ連や東ヨーロッパ諸国の崩壊後、退潮に拍車がかかった。

1990年代には、RBC理論を発展させた動学的確率的一般均衡（DSGE）モデルが主流となる。価格の硬直性《こうちょくせい》（価格が自由に動かない状態）、独占的競争、非中立的な金融政策などを「市場の歪み」と捉え、モデルの精度を高めた。ケインズが指摘した課題をモデルに取り込む試みであり、ニューケインジアンの経済学とも呼ばれるようになったが、基本は新古典派経済学のモデルである。

DSGEモデルはRBCに「価格の硬直性」を導入し、金融政策が効果を持つように仮定したモデルだといえる。価格の硬直性が原因で生じる市場の歪みを、金融政策によって是正できると考えるのだ。

アメリカに本拠を置く主流派の経済学者たちは、中央銀行がインフレ目標の数値を掲げ、その達成に強く関与することで人々の期待に働きかければ、人々の予想（期待）インフレ率はインフレ目標の値になると主張した。金融政策の効果をうたってはいるが、このモデルの中核をなすのは、中央銀行の意図を的確に見抜く合理的な個人だ。

ところが、2008年にリーマン・ショックが起きると、ニューケインジアンたちは「危機を予見できず、適切な処方箋の提案もできなかった」と批判を浴びた。主要国は学界では葬り去られたはずのケインズ的な財政・金融政策を駆使して何とか危機を乗り越えた。

この当時、アメリカの経済学者、ジョセフ・E・スティグリッツは「あまりに多くの経済学者が誤ったモデルにあまりに多くの労力を注ぎ込んできた。スタンダードなパラダイムを複雑にする努力は今後も続けられるだろうが、結局は失敗するだろう。パラダイムの転換以外に道はない。」と論じている。

リーマン・ショック後のアメリカでは、財政政策の有効性を説く経済学者が増え、2020年以降に新型コロナウイルスの脅威が広がると、さらにその傾向が強まった。

ただ、学界の主流は依然、新古典派である。スティグリッツの予言通り、DSGEは現在もマクロ経済学の主流モデルとして生き残っている。

合理的期待形成仮説、RBC、DSGEは精度の高いレンズである。とりわけDSGEは様々な要素を取り入れた最先端のレンズであり、経済学者たちは職人芸を競い合っている。「代表的な消費者」や「代表的な企業」の仮定を拡張し、企業規模の格差や、家計資産の格差が景気循環の要因になると指摘するモデルも登場している。

しかし、よく見ると、レンズの基本構造はワルラス製のレンズと同じだ。レンズを覗くと、ロビンソン・クルーソーのような合理的な人々が登場し、働きたくても職を得られない人は見かけない。

†複雑な現実世界

本章の冒頭で紹介した井堀利宏の入門書に戻ろう。架空の世界で物事を考えるときには、まず単純な世界での仕組み（＝モデル）を組み立てると経済活動の流れをはっきりさせることができるという解説を紹介したが、この解説には以下のような続きがある。

経済学が想定する架空の世界では、感情を一切持たないロボットのような人間たちが暮らす世の中を想定する。すべての人間が「合理的に動く」と考える。合理的な人間は「（味や包装紙などの他の条件が同じなら）一番安い買い物をしたい」という経済的な動機で動く。限られた条件の中で、ある目的を達成するために、最も望ましい行為を選択する。合理的な人間の行動を促す原因のことをインセンティブ（誘因《ゆういん》）という。

経済学では、この架空の世界に生きる合理的な人間がどのように行動するのかを、様々に想定したモデルを利用して思考実験する。

まず、架空の世界で合理的な行動をする消費者（家計）や会社（企業）の簡単なモデルを構築する。そこから徐々に現実的な条件（例えば、お金持ちと貧しい人などの格差や中小企業と大企業の格差など）を想定した複雑なモデルに広げる。

そして、現実の経済データを見て、理論的な仮説がどれほど現実世界に当てはまるのか、その程度をチェックする。この流れを繰り返すことで現実の経済活動をうまく説明できるモデルを練り上げていく。構築されたモデルは経済の動きを予測したり、安定した豊かな経済を生み出したりするために使われる。

これは明らかに現在の主流派経済学を念頭に置いた解説だ。経済学者たちがワルラス製のレンズを磨いている様子がよく分かる。最後に「使われる」という表現があるが、一般の人はこのレンズには手が届かないのではないだろうか。

井堀の解説はもう少し続く。要約しよう。

モノやサービスを生産したり、分配したり、消費したりする経済の仕組みは当然ながら複雑だ。現実の世界はいつも同じ環境ではなく、経済状況が変化すると必ずしも理論通りにはいかないこともある。

私たちのモノやサービスのやり取りが常に安定して、順調なら良いが、あまりに極端な変動（インフレやバブル、景気の過熱や不況など）が起きると私たちの生活は成り立たなくなることもある。単純化された架空の世界で考えるよりも、現実の経済世界はもっと複雑だ。複雑な状況で現実の消費者や企業の行動を適切にコントロールしたり、私たちの不幸せな事態を避けたりするためにあるのが政府と中央銀行という機関だ。政府と中央銀行は人や会社の活動がうまくいかなくなったときにインセンティブを刺激して操作しようとする。政府と中央銀行は様々な政策手段を使って、ともすれば不安定な経済の行動を調整して、安定的に維持、発展させる役割を担っている。

経済が不調に陥ったとき、政府や中央銀行が登場して救世主となるという世界観はケインズ製のレンズを連想させるが、現実の世界をうまく説明できるはずのワルラス製のレンズとの関係は、この解説だけではよく分からない。井堀が念頭に置いているのはやはり、ワルラス製のレンズなのである。

†レンズをはずして見た世界

第2次世界大戦後から現在までの経済情勢を振り返ってみよう。19世紀初頭から第2次大戦までの120年間に比べると、経済が突然、不調に陥って失業者があふれる事態が減ったのは確かだ。好況に比べると不況の期間は短い。経済成長率は次第に低下してきたが、マイナス成長に陥る年は少ない。主流派の経済学者たちはマルクス製のレンズはもちろん、ケインズ製のレンズにも興味を示さなくなったのである。

こうした説明をすると、経済学にあまりなじみがない人は「リーマン・ショックや新型コロナウイルス・ショックは目に入らなかったのか」と驚くかもしれない。主流派の経済学者たちはもちろん、そうした大きなショックが起きる事態を視野に入れているが、モデルの構造には影響を与えない「外生的要因」と見なして処理し、最先端のレンズを磨き続けている。

本章では、19世紀初頭から始まった激動の120年の間に、マルクス、ワルラス、ケインズが完成させたレンズを紹介した。経済学界ではワルラス製レンズへの一極集中が進んでいるが、世間一般に視野を広げれば、三種類のレンズはなお強い影響力を持っている。知らず知らずのうちにいずれかのレンズ越しに世の中を見ている人は多いのではないだろうか。いったんすべてのレンズを使うのをやめてみようというのが、筆者のささやかな提案である。

第4章と5章では、経済学者たちが景気循環や経済成長の問題にどのように取り組んできたのかを紹介した。学者たちが作り上げた計測手法や経済理論は景気循環や経済成長の謎を解き明かすのに大きく貢献してきたが、決して万能ではない。それどころか、経済学者たちが築き上げた「経済学の思考法」は本書のテーマである「政府の景気判断と国民の実感とのずれ」を生む原因にもなっていると重ねて指摘しておきたい。

第6章

袋小路から抜け出すには

†染みついた「経済学の思考法」

政府の景気判断と国民の実感にずれが生じているのはなぜか。この問いに答えるべく、土の中に埋まっている様々な石（要因）を掘り起こしているうちに一つの強固な岩盤に突き当たった。それが、「経済学の思考法」である。第5章で取り上げた三学派のうち、日本では新古典派経済学とケインズ経済学に端を発する「ものの見方・考え方」が単純な形で浸透し、政府や国民の意識や行動を大きく左右している。

政府は日本経済が低成長期に入った1990年代以降、積極的に財政・金融政策を打ち出し、経済全体を底上げしようとしてきた。90年代以降に歴代政権が繰り出した経済対策や、第2〜4次安倍晋三政権（2012年12月〜20年9月）の下で日銀が導入した「異次元金融緩和」（2013年4月〜24年3月）は典型である。

1990年代に政府が実行した経済対策の総額は約120兆円（事業規模ベース）にのぼった。公共事業や所得減税などを対策の柱としたが、波及効果は限られ、経済はあまり上向かなかった。政府は効果の検証を棚上げしたまま、その後も切れ目なく経済対策を打ち出し、リーマン・ショックが起きた2000年代は約190兆円、2010年代は約160兆円に達した。2020年代に入ると新型コロナウイルス感染症への対応を迫られ、経済対策の規模はさらに膨らんでいるが、90年代から続く低成長の軌道に変化は見られない。

安倍政権の下で異次元緩和を推進した政府・日銀は2％の物価目標を掲げて人々の期待に働きかければ、予想（期待）インフレ率が高まり、経済活動が活発になると説明してきた。アメリカの主流派経済学の考え方を取り入れた政策でもあった。

経済対策だけではない。人口の高齢化に伴う社会保障予算の増加もあり、毎年の政府予算（支出）は膨らみ続け、財政赤字と公的債務が累増している。

しかし、残念ながら経済はそれほど上向かず、生活の苦しさを訴える人が増え続けた。日銀は10年あまりにわたって人々の「期待」（予想）に働きかけたが、国民は日銀の思惑通りには動かなかった。生活の苦しさを実感する国民の多くは主流派経済学が想定する「代表的な個人」ではなかったのである。

マイナス成長に陥った年は少なく、全体で見れば「景気後退期」より「景気拡張期」の方が圧倒的に長いのだが、国民の多くが「景気回復」を実感できない。安定成長期に完成した日本型平等社会はいつのまにか崩壊し、「日本型不平等社会」とも呼べる格差社会が目の前にある。

90年代以降の政府・日銀の動きを客観的に評価してみよう。経済成長率がほとんど上昇しなかった一点だけに注目すれば落第点を付けるべきなのかもしれないが、政府・日銀が手を抜いていたようには見えない。政治家は「政策を総動員する」という言葉をよく使う。政府は90年代以降、その言葉通りに財政支出を急増させ、できる限り金融を緩和したにもかかわらず、十分な結果を出せなかった。

それでは、国民の努力が足りなかったのだろうか。そうは思わない。もちろん個人差はあるが、多くの人は長時間労働もいとわずに懸命に働き、経済成長に貢献してきた。高度成長期や安定成長期には、そうした努力が企業の成長、さらには国の経済成長につながり、結果として多くの人々の生活水準は上がった。

90年代以降も同じように、あるいはそれ以上に努力を続けてきたが、生活が苦しくなったと感じる人が増えた。政治家の「政策を総動員する」という言葉はむなしく響き、不信感が広がっている。

自民党のトップが交代しても、この流れは変わりそうもない。2024年10月1日に首相に就任した石破茂は10月4日の閣議で早速、経済対策の策定を指示した。

対策の柱は、物価高対策、経済成長に向けた賃上げの支援、防災体制の強化だ。低所得者世帯への給付金、中堅・中小企業の賃上げ環境の整備、地方経済の成長、自然災害の復旧・復興といった項目からなり、「弱者」への配慮がうかがえるが、どこまできめ細かく対応できるのか。無駄な支出が紛れ込む可能性も否定できない。

首相交代や総選挙などのタイミングに合わせて経済対策を打ち出し、政権運営に弾みを付けようとする発想は、これまでの政権と同じだ。政府は「景気は緩やかに回復している」と判断しているにもかかわらず、補正予算を組んで財政出動する必要があるだろうか。

2024年10月27日の衆議院選挙で与党（自民党と公明党）の議席が過半数（233）を割り込み、従来の政策決定プロセスの見直しを迫られることになった。ただ、経済対策に限れば、「政府が様々な名目で民間にお金を流せば経済全体の底上げになり、国民に広く恩恵が行き渡る」という基本認識が与野党の間に広く浸透しており、選挙戦でも経済対策の是非は争点にはならなかった。

つづく11月5日のアメリカ大統領選挙では、共和党のドナルド・トランプ前大統領が勝利した。物価上昇や不法移民の急増による治安の悪化など日々の生活に不満を抱く有権者がトランプ氏を支持したとみられている。生活が苦しいと感じている有権者が多数を占めるのは世界共通の傾向でもある。トランプ氏の大統領再任で世界経済の不確実性が増し、日本経済にも予期せぬ影響が及ぶとの見方が強まっている。

さらに同じ月11日の首相指名選挙で石破首相の続投が決まると、与野党は経済対策の中身を巡って協議を始めた。政府は財源の裏付けとなる補正予算を組み、経済対策を実行する計画だ。今回の経済対策は国民の生活にどんな影響を及ぼすのか。

不況に陥ったら政府が経済全体を底上げすれば良いという発想はケインズ経済学が提示する処方箋であり、第2次世界大戦後、1970年頃までは効力があった。

ケインズが『一般理論』（1936）を著す前の1930年代初頭に高橋是清《たかはしこれきよ》（当時の大蔵大臣、今の財務大臣にあたる）は拡張的な財政・金融政策に踏み切り、不況から脱出した。ケインズ政策を先取りしていたとの評価もある。日本には「民が困ったときは官が助け舟を出す」というケインズ主義を受け入れる土壌がある。

しかし、ケインズ政策の効果が薄れ、学界でのケインズ経済学の権威が失墜している状況にあっても、日本政府は90年代以降、不況時だけでなく、自ら設定した「緊急時」(実際には平時)にも、経済対策の名の下で財政支出を増やし続けている。財政出動をすれば、景気を下支えする効果はゼロではないが、国民の多くはその効果を実感できないままに財政赤字の膨張に拍車がかかるのがこれまでのパターンだった。日本型不平等社会では、伝統的な手法は通用しづらくなっているのだ。

そして、経済対策という名の恒例行事が終わると、政府は再び平常運転に戻り、国民に自助努力を求める。国民ひとり一人が努力すれば経済がうまく回るという発想は、新古典派経済学が提唱する市場観そのものである。市場原理主義や新自由主義を前面に出す政治家は現在の日本にはあまりいないが、多くの国民は主流派経済学が想定する「代表的な個人」とは遠い存在であるにもかかわらず、「自己責任」や「自助努力」という言葉を背負わされている。「平時は自由競争、緊急時には財政出動」という思考法が浸透する中で、多くの国民は財政支出の恩恵を享受できず、市場での厳しい競争の中で疲弊している。

主流派の経済学者が好む経済政策は規制緩和である。「構造改革なくして景気回復なし」というキャッチフレーズを掲げた小泉純一郎政権（2001年4月〜06年9月）を筆頭に、政府は規制緩和を推進して供給力を高めようとする政策も継続しているが、決定打にはなっていない。日本は低成長期に入り、企業や個人の経済格差が拡大した。個人の自己責任を重視する風潮が強まる中で、個人が置かれている環境の違いは捨象されがちだ。

†板挟みの経済学者

経済学の名誉のために付け加えておこう。「合理的な経済主体」、「効用・利潤の最大化」、「市場の価格調整」、「効率的な資源配分」といった概念が新古典派理論の根幹を成すのは確かだが、「経済は市場に任せておけばうまくいく」という単純な見方で経済現象を説明し尽くそうとする経済学者はむしろ少数派だろう。市場の機能不全に着目する「市場の失敗」、経済活動が環境に及ぼす影響などを論じる「外部経済・不経済」など、経済学の教科書には、市場の限界を踏まえた議論もしっかりと載っている。人間の「非合理性」に焦点を当てる行動経済学という研究分野も広がりを見せている。

ランダム化比較試験（RCT）、統計的因果推論、機械学習といったデータ分析の手法を駆使し、ミクロデータを活用した実証研究に取り組む研究者も急増している。学界全体を見渡すと、理論研究よりも明らかに実証研究の方が勢いづいている。

ただし、実証研究に適したミクロデータを入手するのは容易ではなく、「理論重視から実証重視へ」という潮流の中で苦悶する研究者は多い。二つの事柄の間に因果関係があるのかどうかを、データ分析で明らかにするためには入口（データ収集）から出口（論文執筆）まで粘り強い作業が必要だ。データ分析から浮かんでくる結論が市場を擁護する内容になるとは限らない。「市場は有効に機能している」と証明するために、頭の中だけで理論やモデルを操作するような研究は通用しなくなっているのだ。

こうした経済学界の現状は一般にはあまり伝わっていない。学術専門誌（ジャーナル）に載っているミクロ実証分析の論文が学界の外部で話題になったり、世の中の人を動かしたりすることは、ほとんどないのではないか。

経済学者、ダニ・ロドリックは「経済学者は、大学では市場の弱点や政策介入が物事を良くする方法を議論し、学界の評判は市場の失敗についての新しく、想像力豊かな証明の上に打ち立てられる。しかし、世論向けには結束して、自由市場や自由貿易を擁護する。」と説明している。こうした経済学者たちの振る舞いも「経済学の思考法」の定着に貢献しているのかもしれない。

†あれもこれもは難しい

主流派、非主流派にかかわらず、経済学者たちは格差の問題にも目を向けている。

一橋大学特任教授の小塩隆士《おしおたかし》は、経済学は世の中にある限られた資源をどれだけ効率的に配分するかという「効率性」の評価軸と、その資源を世の中で困っている人たちにできるだけ多めに配分し、格差を小さくする「公平性」の評価軸を持っていると解説する。

効率性と公平性はトレードオフ（二律背反）の関係にあるが、経済学では、効率性と公平性の問題を区別し、まず効率性の問題を片付けようとする傾向がある。効率性の問題さえ解決できれば公平性の問題はなんとか解決できるという想定もよく耳にするという。小塩は両者を同時に議論してこそ、正面から取り組むべき重要な問題として姿を見せると苦言を呈する。

そのうえで、効率性と公平性のバランスを取った最適な政策は人々の価値判断によって大きく左右されるため、経済学から正解を導き出すことはできないと説明する。

経済学では、誰にどれだけの資源を割り当てれば効率の良い生産活動ができるのかという「資源配分」の問題と、誰がどれだけの所得を得るのかという「分配」の問題を切り分けて考える。経済学は資源配分の効率性を論じるときには鋭い切れ味を発揮するものの、望ましい分配は何かという問題には明確な解答を用意できない。

この点に関連し、マクロ経済政策と格差問題との関係にも触れておきたい。

経済学では、「複数の政策目標を同時に達成するためには、（政策目標が相互に独立している場合は）少なくとも同数の独立した手段がなければならない」という定理（「ティンバーゲンの定理」と呼ぶ）の存在がよく知られている。

安倍政権による「異次元金融緩和」は経済格差を拡大したとの批判がある。異次元緩和の副作用として経済格差が拡大したかどうかを検証する意義はあるが、異次元緩和の目的は「2％の物価目標の達成とデフレからの脱却」であり、そもそも格差問題を視野に入れた政策ではない。日銀は2024年3月、異次元緩和を終了したが、それで格差が縮小することはないだろう。格差縮小を目指すのであれば、別の政策を割り当てなければならない。

日本の現状を踏まえた議論ばかりではないが、経済学者たちは、格差縮小の具体策として、国民に生活資金を一律に支給する「ベーシックインカム」など個人を対象とする所得再分配政策を議論している。累進的な所得課税や相続税の強化もたびたび話題にはなる。

世界各地で格差が拡大している現状を憂い、反資本主義や社会主義への移行を唱える学者もいる。最近、資本主義を批判する書籍をよく見かけるようになった。

フランスの経済学者、トマ・ピケティは『21世紀の資本』（2013）で富の集中をデータ分析と理論で裏付け、世界中で議論を巻き起こした。この著書では富裕税の導入などを訴えるにとどまっていたが、その後、「参加型社会主義」への移行を提唱するようになった。

カール・マルクスの『資本論』を思考の軸に据えたり、参照したりしている著者も多い。アメリカの政治学者、ナンシー・フレイザーは『資本論』第一巻の考え方を構成し直す必要があると強調し、「生態学的社会主義」を提唱する。マルクスは資本家が労働者を搾取する構図を示したが、労働者は市民の身分を与えられている。ナンシー・フレイザーは、奴隷、植民地の住民、征服された先住民、債務労働者、不法移民など「収奪」される運命の人々にも目を向けよと訴えている。

現在の経済学界ではマルクス経済学は脇に追いやられているものの、「マルクスの思考法」に共鳴する人が少なからず存在するからこそ、マルクス経済学をベースに反資本主義を唱える著作に一定の需要があるのだろう。

環境問題を念頭に置き、サステナビリティ（持続可能性）の観点から「長年経済学を支えてきた理論やディシプリン（手法）自体がもっと批判にさらされるべきではないのか。」（東京大学教授の松島《まつしま》斉《ひとし》）といった声もある。ゲーム理論が専門の松島は主流派の一翼を担うが、経済学教育の見直しが必要だと主張する。

利己心が市場を通じて社会的善に貢献すると考える「市場至上主義イデオロギー」の上に立脚する経済学は、「社会や環境に有害な影響を与えるゾンビのような存在になるリスクを抱えている。」とみているためだ。「サステナビリティのためには、倫理、大義、価値観、世界観、義務、信頼といった、経済学者にとってあまり馴染みのない多くの倫理的概念や定性的概念を豊かにしていくことが求められる。」と訴える。

さらに、倫理的な企業や個人が市場を通じてサステナビリティのための社会的責任を果たす社会システムを「新しい資本主義」、気候変動への対応や生物多様性の保全などを巡る国際交渉の新しい手法を開発する国際システムを「新しい社会主義」と命名し、二つのシステムが共生する独自の構想を掲げている。

†成果を出せない政府

このように多くの経済学者たちが経済格差や環境問題などに関心を寄せ、多様な視点から論じているのだが、専門家の議論は日本の経済政策や、個人の行動にはあまり影響を与えていない。むしろ、日本の人々の間に浸透している「経済学の思考法」の方が、現実を動かしているように見える。

日本経済が今後、高度成長期や安定成長期のような勢いを取り戻す可能性は低い。国民生活の基盤を固めるためには経済成長は必須だが、2〜3％の経済成長を持続的に達成するのは困難だ。1990年代以降、政府や国民は「経済学の思考法」の下で努力を続けてきたものの、十分な結果を残せなかったのはすでに述べた通りだ。個人も政府も精一杯、努力しているのになかなか結果が出ず、いらだちが増す。「生活が苦しい」と感じている多くの人々が、「景気は回復している」と説明する政府に不信感を募らせるのも無理はない。

袋小路から抜け出すために、まず変わるべきなのは、政府および政府を統率する立場にある政治家だ。政府支出を増やし、全体を底上げすれば多くの国民に恩恵が行き渡るという安易なケインズ主義が通用しなくなっていることは90年代以降の日本経済を見れば明らかだ。

リーマン・ショックや新型コロナウイルス・ショックのような経済危機や、全国各地の自然災害などに対応するための政府支出は引き続き重要だ。こうした非常時にしわ寄せを受けがちなのは常日頃から「生活が苦しい」と訴えている人々であり、手厚い対策を打ち出すのは当然だ。

その一方で、歴代政権が国民受けを狙って打ち出してきた経済対策は、無駄な政府支出が目立ち、効果は乏しかった。

東京大学教授の楡井誠《にれいまこと》は「教育・訓練などの人的投資、科学技術・インフラ投資、人口動態とエネルギー変革を見据えた投資など財政の果たすべき役割は大きいが、平時の安定化のための財政出動とは決別すべきだ」と主張し、「緊急経済対策」を繰り返す政府の対応を批判する。

不況で家計が大きな影響を受けるのは働き手が失業した場合である。マクロ経済の一定の変動を前提に、失業リスクを家計で広範にシェアするための安全網（社会保険制度）を整えるべきだと提案する。

†必要なのは個別の対応

日本型不平等社会の中で苦しんでいるのは、どこに住み、どんな働き方や暮らし方をしている人たちなのか。税や社会保険料の負担感が大きいのはどんな世帯なのか。政府に求められるのは漠然とした「全体の底上げ」ではなく「個別の対応」、さらには「個別対応を可能にする制度の設計」であろう。日本型平等社会を前提にした税制や社会保障制度の再設計も急務だ。

政治家にとって「全体の底上げ」は楽な選択肢なのだろう。政府の財政赤字が拡大し、公的債務が膨らんでも、自らの懐が痛むわけではない。国民から「効果が乏しい」という声が出るかもしれないが、経済対策そのものに反対する声は出づらい。それに比べると、個別の対応をすれば、除外される人から不満の声が出やすい。

行政にとっても「個別の対応」は限りなく骨が折れる仕事だ。データの収集も含めて行政事務が増え、現在の体制のままでは仕事をこなしきれなくなる恐れもある。

しかし、こうした方向に政策や制度を転換していかない限り、日本型不平等社会の中で苦しんでいる人たちは「生活が苦しい」と訴え続けるだろう。

政府は予算規模をいたずらに膨らませ、ときどき思い出したように経済対策を打ち出すのではなく、日本型不平等社会が抱える問題を解決するための制度設計や政策を積み上げていくしかない。個別対応に人工知能（ＡＩ）やビッグデータの力を活かすことはできないだろうか。

日本型不平等社会そのものにメスを入れ、新しい平等社会を目指すべきだという議論もある。日本の格差研究をリードしてきた京都大学名誉教授の橘木俊詔《たちばなきとしあき》は各種のデータを基に「日本は先進国のなかでもかなり所得格差の大きい国であり、非福祉国家の典型」との現状認識を示す。日本が格差社会から脱却するための具体策として、同一価値労働・同一賃金の徹底、最低賃金のアップ、所得税率の累進度の強化などを挙げたうえで、日本は福祉国家への道を歩まざるを得ないと主張する。

筆者はこうした議論に魅力を感じるが、ハードルは高いだろう。橘木も日本は福祉国家になる可能性があると指摘する一方で、日本では「自己責任論」が根強く、格差社会を是正すべしと考える人が少数派になっているとの見方を示している。

「脱成長」や「ポスト資本主義」を唱える論者も多いが、日本の現状を見る限り、看板を掲げるだけでは物事は動かない。資本主義の危機や限界を乗り越えるための具体的な提言であれば、「反資本主義」論者の見解も取り入れるべきだが、合意形成は難しい。

「豊かさ」の捉え方

個人にできることはないのだろうか。「生活が苦しい」と感じている人々に、生活が楽になる方法を伝授する能力は筆者にはない。ここでは、「経済学の思考法」にとらわれがちな人が、そこから抜け出すのに参考になりそうな概念（言葉）をいくつか紹介する。これで問題がすべて解決するといった無責任な言い方はできないが、「豊かさ」の捉え方が変わり、袋小路から抜け出す第一歩になる概念だと考えている。

まず、挙げたいのが「当事者意識」（オーナーシップ）という概念だ。自分のことは自分で決めるという意味で、自分の精神と身体に対する自己決定権を指す。東京大学教授の宇《う》野《の》重規《しげき》はイギリスの思想家、ジョン・ロックが『統治二論』（1689）で展開した思想に起源があると解説する。

ロックによると、人は誰でも自分の身体に対する固有の権利を持つ。その人にとって固有のものであり、他の誰かのものではない。人は自分の手を使い、自分の身体を使って働く。人が自然に働きかけ、自らの労働によって生み出したものもその人にとって固有のものだ。ロックはこうして所有権を基礎づけ、個人の所有権を尊重する政治社会を思い描いた。

この古い概念が今日、新しい意味を持つようになり、「当事者意識」という言葉が注目を集めている。人間は「他人事ではなく、自分事だ」と思うからこそ、様々な課題や任務に主体的に取り組む。例えば、会社員が上司に命じられるままに仕方なく仕事をこなしているなら、当事者意識は生まれない。企業を含めた様々な組織では、構成員の当事者意識を涵養できるかどうか、が重要になっているという。

組織やプロジェクトを運営する立場の人が、多くの人の共感や賛同を得ながら物事を進めたいときに使う言葉なのかもしれないが、筆者は逆の使い方もできるとみている。

誰かが作った組織やプロジェクトに参加するかどうかを決めるとき、「当事者意識を持てる内容なのかどうか」を見極めるのだ。その結果、当事者意識を持てるのなら積極的に関与し、そうでなければ近づかないか、やむを得ない事情で参加するにしても「やらされ感」を押し殺す必要はない。

会社員が自分の成長と会社の成長を重ね合わせ、当事者意識を持って仕事に邁進《まいしん》できるのならそれに越したことはない。回り回って日本の経済成長にも貢献するかもしれない。

経営陣が本気で社会課題の解決に取り組んでいる会社があるとしよう。経営陣の姿勢に共鳴する社員が、会社員生活を通じて社会に貢献する道を選ぶのは自然な流れだろう。

一方、そうした流れには乗っていない会社員が「やらされ感」しかない仕事に無理に当事者意識を持つ必要はない。会社以外に当事者意識を持てるプロジェクトが見つかるのなら、そちらにリソースを投入すればよい。自分の身の回りを見直してみると、本来なら当事者意識を持ってしかるべきなのに、他人事として目に入らないようにしている仕事や活動はないだろうか。

†経済学が見落としてきたもの

自己決定権という言葉を聞くと、新古典派経済学が想定する「ホモ・エコノミクス」(経済人)を連想するかもしれないが、筆者が提示する人間像は大きく異なる。合理的な経済人はばらばらに動いているようでも行動原理や価値観は基本的に同じであり、経済全体のパイを大きくするという一点でまとまっている。ホモ・エコノミクスは市場というゲーム盤の中では自由に動けるが、活躍の場はそこにしかない。

一方、「当事者意識」を選択基準にする個人の価値観は多様である。「ホモ・エコノミクス」としてゲーム盤の中で戦っても良いが、別の場所に顔を出したり、軸足を移したりすることも可能だ。こうした人間は組織やプロジェクトを管理する側から見ると面倒な存在かもしれない。プロジェクトが走り出すまでに時間を要する可能性があるが、両者の歯車がかみ合えば大きな推進力になる。

当事者意識との関連で取り上げたい言葉がいくつかある。「アンペイドワーク」、「コミュニティ」、「幸福」の三つである。

いずれも主流派経済学の鬼門であり、分析の対象から除外されがちな要素だが、個人が自己決定する場面で念頭に置きたい言葉である。経済学界には多様な学派や考え方があり、主流派経済学に厳しい視線を注いだり、限界を指摘したりする学者も多い。これから説明する三つの言葉は、主流派とは異なる視点から議論を展開する経済学者たちが注目する言葉であり、「経済学の思考法」を乗り越えようとするときの参考になる。参考になる言葉は他にも多々あるが、紙幅の制約もあり、三つに絞り込んだ。

†アンペイドワーク

「アンペイドワーク」とは、報酬という対価が支払われないワーク（仕事・労働）を指す。報酬がお金の形で支払われる「ペイドワーク」の誕生と共に成立した。フェミニズムの視点を重視する「フェミニスト経済学」の中核をなす概念の一つだ。家族による家事、育児、介護や、地域住民による清掃活動などが該当する。

フェミニスト経済学の入門書によると、経済社会におけるジェンダー（社会や文化の中でつくられる性）の作用を追究し、女性、男性、子供、高齢者など万人を差別や抑圧から解放して権利を保障し、ウェルビーイング（暮らしぶりの良さ）の向上を目指すのが、フェミニズムの視点である。

人間は生きていくための基本的なニーズを満たさなければならず、水、空気、栄養素のある食材などを自然と向き合いながら調達してきた。子供や高齢者の世話といった「ケア」も人間のニーズの充足にかかわる行為だ。人間は生まれてから死ぬまでの間に他者からケアを受けなければ生存できない期間がある。乳児期と高齢期は典型である。人間は自分自身では満たせない生存ニーズに応えてくれる他者がいるからこそ生存できる脆弱な存在なのだ。

市場経済が発達するにつれ、人間はニーズを充足するための財・サービスを市場で購入できるようになった。お金を払えば人間のニーズの多くが満たされる。

栄養素の摂取について考えてみよう。市場経済では、レストランに行けば食事ができる。

一方、顧客のために食材を調理する人は「労働者」と呼ばれ、ワークには賃金が支払われる。同じ食材を家で調理しても対価は支払われない。

ケアも同様だ。ケアサービスという商品を市場から調達すれば、提供する側には対価が支払われる。世帯の中で家族が提供すれば対価は発生しない。

家事労働やケアワークはどのような社会・経済システムでも人間の生存には欠かせない。市場で財・サービスを購入すれば、人間のニーズの多くは満たされるようになってきたが、すべてを満たせるわけではない。

ペイドワークとアンペイドワークは人間の生存を支える車の両輪だ。ペイドワークだけが「経済」であり、市場経済の取引量の大きさを「豊かさ」だと見なして政策を立案するなら、人間のウェルビーイングの向上と乖離してしまう。ペイドワークの世界でジェンダー平等を実現しようとする動きが広がっている半面、アンペイドワークは置き去りになっている。アンペイドワークに費やす時間は女性の方が男性より圧倒的に多い。ペイドワークとアンペイドワークに費やす時間が共に男女平等でなければならないとフェミニスト経済学は訴えている。

ここから先は筆者の私見である。「ペイドワークとアンペイドワークに費やす時間を男女平等にしよう」という提案には賛成だ。「当事者意識」という観点から、自らの行動を見直すとき、最後は「どこに時間を使うのか」に行き着く。アンペイドワークは、ペイドワークの合間に済ませる雑務ではない。ペイドワークと同等か、それ以上に大切なワークなのだと意識し、男性と女性が平等に担うべきだ。

ペイドワークへの時間配分は家族構成によっても大きく異なるだろう。例えば、単身世帯の独身男性の事例を想像してみよう。その男性は会社員として働いている。よく外食はするが、掃除や洗濯などは自分でこなしている。彼自身はペイドワークとアンペイドワークを共に担い、全く問題がないように見えるが、本当にそうだろうか。彼が職場でチームを組んでいる既婚男性は、妻に育児と家事を任せきっている。繁忙期には、その独身男性と既婚男性が一緒に残業して仕事を仕上げる。その会社の管理職はほとんどが男性だ。また、独身男性には高齢の祖父がいて、体調を崩して入院している。独身男性の父も現役の会社員（正社員）で、母はパートタイマーとして働いている。病院に見舞いに行くのは専ら母だ。

ペイドワークとアンペイドワークを男女平等に担うためには何をどう変えなければならないのか。社会全体を視野に入れて考えなければならない。

†コミュニティ

二番目に挙げる「コミュニティ」の邦訳は共同体である。経済学では、家計、企業、政府を三つの「経済主体」と見なし、それぞれの行動を追う。慶應義塾大学名誉教授の岡部光明は、経済学は従来、市場と政府の「二分法」によって経済を捉えてきたと指摘する。

市場では家計や企業が利己的、分権的に活動し、政府は民間の活動によって生じる様々な問題に対処するために権限を保有し、強制力を持って問題を補正する。

市場と政府の二分法が経済学の前提になっているが、近年、こうした二分法では捉えきれない人間の活動、動機、集団の重要性が高まっている。政府でも市場でもない民間セクター、すなわち各種のコミュニティ（自立した個人のつながり）を経済学の中に明示的に位置づける必要があると岡部は主張する。

人間には利己的な動機だけではなく、利他的な動機あるいはそれ以外の価値（幸福など）の追求が大きく表れるときもあり、社会にはそれに基づく多様な制度が数多く存在する。家族、各種の民間グループ、非営利の民間主体、非政府組織、政府でも民間でもない中間的な主体などであり、岡部はこれらをコミュニティと呼ぶ。

岡部はコミュニティの中でも、非営利組織（NPO）の存在を重視し、市場、政府、コミュニティからなる三部門モデルを構築しているが、ここではその内容には立ち入らない。当事者意識との関連で言えば、コミュニティはどんな形態であっても構わない。かつては「同じ地域に住み、利害を共にし、風俗・信念・目的・資源などの面で深く結びついている人々の集まり」を意味する概念だったが、ネットの発達に伴ってオンライン・コミュニティが誕生するなど、コミュニティの範囲は広がりつつある。

NPO、ボランティア団体、趣味のサークル、オンライン・コミュニティなどは、政府、企業、家計に比べると市場での影は薄いが、当事者意識を持てる集団であれば、その人にとっては大切な存在になるだろう。

筆者は、家計、企業、政府とは異なる原理で動くコミュニティに目を向けようという提案に賛成だ。コミュニティを含めた三部門モデルも高く評価するが、コミュニティの概念をもう少し広く捉えても良いのではないかと考える。

経済学に登場する家計や企業は自己の利益を増やすために合理的に行動するが、現実の家計や企業は経済合理性だけを追求しているわけではない。岡部は家族もコミュニティの一部であると認識しているが、三部門モデルの中ではコミュニティを「非営利部門」と定

義し、NPOを中心に議論を展開している、

家計は労働力を提供する母体であると同時に、家族同士が触れ合い、助け合うコミュニティとしての役割も果たしている。企業は営利活動を遂行する場ではあるが、働く人たちのコミュニティとしての側面もある。国連が掲げるSDGs（持続可能な開発目標）を取り入れ、NPOと協力しながら社会貢献活動に取り組む企業も増えている。一方、日本で活動するNPOの多くは、寄付金や会費、補助金だけでなく、物販などによる事業収入で活動資金を賄っている。営利組織と非営利組織の垣根は低くなりつつあり、社会課題の解決に貢献できるチャンスは広がっている。

自分にとってのコミュニティはどこなのか。経済合理性や経済学の思考法に押しつぶされそうになるとき、コミュニティの力は頼りになる。

†幸福

三つ目は「幸福」だ。古代以来、「幸福とは何か」という問いに挑んだ哲学者たちは様々な答えを出してきた。カール・ヒルティ、アラン（ペンネーム、本名はエミール＝オーギュスト・シャルティエ）、バートランド・ラッセルがそれぞれ著した三大幸福論と呼ばれる名

著のほか、「幸福になる生き方」をテーマにした著書も数多く存在する。ここでは、そうした幸福論には立ち入らず、経済学者たちは幸福をどのように取り扱ってきたのかを紹介する。経済学が提示する幸福の概念がしっくりくるのであれば、そこにとどまれば良いだろう。仮に自分に合わないと感じるのなら、どんな幸福を目指すべきなのか。経済学の議論を乗り越えるための材料を提供したい。

話を先に進める前に、経済学で取り扱う「幸福」、「効用」、「厚生」の意味を確認しておこう。幸福は満ち足りた状態や幸せな感覚、効用は満足感、厚生は所得、健康、職業などの要素を考慮した生活の豊かさを指す。幸福と効用は個人の状態、厚生は社会全体の状態を指すと説明する学者がいる一方、三つの言葉を厳密に区別せずに使っている研究もある。本章では、経済学者たちが三つの言葉をどんな場面でどのように使っているのかに注目する。

以下は楡井誠による解説を参照している。新古典派経済学の考え方が分かりやすくまとまっている論考だ。

†幸せの損得勘定

人間の幸福にとって文化・社会のあり方は経済的な豊かさ以上に重要だ。しかし、経済的な豊かさが人生の大きな制約条件になることも事実であり、経済的・物質的な側面に問題があるとしたらどうすれば良いかを経済学は考察の対象にしている。

家計は予算制約のもとで自身の効用（満足度）を最大にしようとする。効用は人によって異なるので中身は問わない。それぞれの人が自分の効用に基づき、幸福を最大限、実現できる社会にしようと考えるのが経済学だ。

「幸福を効用という言葉で表現する」と説明している入門書もある。ここで「効用」について補足しておこう。経済学では、人間は「自分の効用を最大にする」という明確な目的を持ち、その目的をできる限り達成できるように合理的な選択をすると仮定して議論を進める。モノやサービスを購入して得られる満足感は効用の代表例であり、仕事のやりがい、子育てによる喜びなどに効用の範囲を広げる議論もある。

モノやサービスの購入による満足感＝幸福が議論の出発点だと説明すると「人間の幸福は物質的な豊かさだけでは決まらない」と批判する人もいるだろう。経済学者たちは、

「個人の目的は物質の豊かさや儲けの多さとは限らない」と批判をかわし、所得、時間、不完全な記憶・計算能力、不十分な資源・機会など様々な制約の下で「自分にとっての効用の最大化」を目指す人間像を提示する。

合理的な選択をする対象をモノやサービス以外の対象に広げる試みは「経済学帝国主義を象徴する手法だ」と批判を受けることもあり、経済学界にも異論がある。早稲田大学教授の清水和巳《しみずかずみ》は「どのスポーツが好きなのか、どのようなコミュニティに属したいのか、どのような政策に惹かれるのか」といった選好を決める軸は多様であり、高い予測力を持つモデルを効用理論の枠組みで作るのは難しいと指摘する。

効用の範囲をどこまで広げるのかはさておき、「予算と時間の制約の下で、自分の効用（満足度）をできるだけ大きくするように合理的な選択を重ねる」という人間像と「個々人が合理的に行動していれば社会全体が最も良い状態になる」という世界観は、多くの人々の意識に浸透している。こうした人間像の根底にあるのは「損得計算」であり、多くの人は「当事者意識」を持てるかどうかを確認するまでもなく、損得勘定に押し流されて行動しているのではないだろうか。

「効用は人によって異なるので、自分と他人の効用を比較しない」という約束事を設けている点にも注意しよう。個人は効用を最大に、企業は利潤を最大にしようとする。そのうちに社会全体で最適な資源配分が実現する。個人にとっては自分の隣にいる人が富裕層でも貧困層でも構わない。巨額の予算を持つ富裕層はたくさんのモノやサービスを購入して自分の効用を高め、予算が限られる貧困層は、その範囲内でモノやサービスを購入して自分の効用を高める。外から見ると不平等な社会に見えるが、この世界の住人は、他人の行動には関心を持たず、干渉もしない。注意して見ているのは自分の予算とモノやサービスの値段だけだ。

社会全体の幸せは、個人の効用の合計に等しいとの見方は、イギリスの哲学者・経済学者、ジェレミ・ベンサムの「功利主義」に源流がある。功利とは、快楽、利益、善、幸福といった個人にとってプラスの要素すべてを含む概念だ。ベンサムはこうした要素を客観的な量として計算できると考えた。人々の功利を計算し、合計した額を最大にするという政策目標を掲げれば、社会の幸福を最大にできると唱えたのである。

†幸福は測定できるのか？

ここまでの話の展開で、実はつじつまの合わない点がある。個人の功利を計測できるのなら、個人間の比較もできるはずだが、ミクロ経済学では「個人の効用を比較しない」という約束事を設けて個人の合理的な行動を分析している。なぜだろうか。

「厚生経済学」の創始者であるイギリスの経済学者、アーサー・セシル・ピグーは、個人の満足感を「厚生」と見なし、富裕層から貧困層に所得を移転すれば社会全体の厚生を増やせると訴えた。例えば1万円から得られる効用は富裕層よりも貧困層の方が大きいので、富裕層の1万円を貧困層に移転すれば、社会全体の効用が高まる可能性が高いと考えたのである。個人の効用を計測するベンサムの発想を受け継いでいる。

ピグーに反論したのが、同じイギリスの経済学者、ライオネル・ロビンズだ。『経済学の本質と意義』（1932）で、個人の満足度は内心の状態であり、そもそも個々人の効用の測定や比較はできないと強調した。個人の効用は実体を伴う概念ではなく、富裕層から貧困層への所得移転という政策提案は科学的ではないと論じたのである。

詳細は省くが、経済学界ではピグーが唱えた所得移転に対するアレルギー反応は強かった。ロビンズの考え方が主流となり、「効用を他人と比較しない」という約束事を前提にミクロ経済学は発展してきた。

その一方で、個人の所得の総和であるGDPはマクロの経済指標として定着している。

GDP統計がケインズ経済学を支える基盤となってきたのは、すでに述べた通りだ。個人の効用を所得という物差しで測り、比較できるからこそ、GDP統計は成り立っている。効用の計測も比較もできないのなら、GDPの国際比較には意味がなくなってしまう。

第5章で、新古典派経済学とケインズ経済学は大きく異なる世界観の上に成り立っていると説明した。両者は「効用（幸福）の測定」という根幹の部分で水と油の関係にあることが分かる。

†仮説と合わない実生活

1970年代以降、経済学界では新古典派経済学が息を吹き返し、ケインズ経済学は傍流となったが、両者ともに「経済学の思考法」として人々の間に浸透している。人々は無意識のうちに、水と油の関係にある両者を都合よく使い分けてきたが、もともと無理があるのではないだろうか。

ミクロ経済学の説明に戻ろう。経済学の教科書には、個人が予算の範囲内でリンゴとミカンをそれぞれいくつ購入（消費）すると効用を最大にできるかという例題がよく載っている。各人の効用の決まり方を「効用関数」と呼ぶ。効用関数を使えば、各人の効用を最も大きくするリンゴとミカンの組み合わせは明らかになるが、消費によってどれだけの効用を得たのかは分からない。効用関数がいつ出来たのか、そもそも効用関数とは何かを議論しないまま話が進んでいく。

楡井の解説によれば、経済学に登場する家計（個人）は消費を増やして効用を高めようとするが、消費を増やすためにはお金が必要であり、労働によって収入を得るしかない。個人には余暇を楽しみたいという欲求もあるが、労働時間を増やすと余暇の時間が減ってしまう。消費を増やそうとして労働時間を増やすと余暇の時間を削らなければならない。消費と余暇はトレードオフ（二律背反）の関係にある。こう考えると、家計の幸福、厚生を決定づけるカギは実質賃金だと気づく。実質賃金とは自分の労働一単位と引き換えに、どの程度の消費財を得られるかを示す。消費と余暇の交換比率といえる。この交換比率が高いほど家計の効用は増える。実質賃金が上がれば、余暇を一定にしたままでも所得が増え、消費を増やせるからだ。

労働時間と余暇時間を天秤にかけ、消費と余暇のバランスを取りながら合理的に行動している個人の姿がそこにはある。経済学のこうした論理は多くの人が「生活が苦しい」と感じている背景をよく説明しているだろうか。

日本の現状に当てはめてみよう。正社員として働く人の多くは、収入の増減を意図して労働時間を増やしたり減らしたりはできない。非正規社員であれば勤務日や労働時間を増やせば収入を増やせるかもしれないが、勤務先とうまく調整できるかどうかは不明だ。実質賃金が上昇すれば消費に回せるお金が増えるのは正社員も非正規社員も同じだが、たいていの人は「自助努力」では思うように賃金や収入を増やせない世界に生きている。経済学の論理を推し進めると、生活が苦しいのは自己責任だという、実態とはかけ離れた乱暴な議論にもつながりかねない。

それでも、「人間の幸福はモノやサービスの購入によって得られる満足感に大きく左右される」という仮説は時代を超えて生き残ってきた。幸福＝効用という前提から出発し、個人の合理的な選択ですべてを説明しようとする論法にはさすがに無理があると言わざるを得ないが、仮説そのものを退けるのは難しい。

†幸福の経済学

新古典派経済学とは異なる方法で「幸福」に迫ろうとする研究がある。「幸福の経済学」は、人間の「非合理性」に焦点を当てる行動経済学から枝分かれした研究分野の一つだ。
「あなたはどのくらい幸せですか」、「あなたの生活にどの程度満足していますか」といったアンケート調査を実施し、その回答を「主観的な厚生」を表すデータとして活用する研究である。

幸福の経済学では、人間の「厚生」を、感情としての幸福感、生活満足度、「エウダイモニア」の三つの異なる概念を含む広い概念と定義している。

感情としての幸福感は、快い感情と不快な感情の頻度と強度に関わる。生活満足度は、消費と余暇の状態を評価する伝統的な経済学の効用の概念に最も近い。エウダイモニア（εὐδαιμονία）はギリシャ語で、和訳は「幸福」または「精神的な幸福」である。古代ギリシャの哲学者、アリストテレスが唱えた概念であり、「善く生きる」、「善く行っている」と同じ意味だ。

新古典派経済学では三つの概念のうちの生活満足度に着目し、「個々人の生活満足度（効用）が高まれば幸福度が増す」という仮説を立証してきた。幸福の経済学では、生活満足度以外にも人間の幸福度を測る尺度があると主張し、議論の幅を広げたといえる。三つの概念のうちの一つを選んだり、三つを組み合わせたりしながら主観的な厚生を計測し、様々な研究成果が生まれている。

伝統的な経済学の視野には入っていなかった幸福の概念の一つ、エウダイモニアとは何だろうか。「経済学の思考法」とは相容れない概念のように見えるが、注目する経済学者が増えているという。

アリストテレスは人間が求める「善きもの」を三つに分類した。三つの中で最も価値が高い「最高善」と位置付けているのが、エウダイモニアである。人間は「徳」すなわち理性の活動を活発にしていくと最高善を得られる。理性によって真理を捉える態度や生活こそが幸福の究極の姿だと説いた。

エウダイモニアを構成する要素を「学習への興味」、「目標志向性」、「明確な目的意識」、「生活の充実度」などに分解し、個々人のエウダイモニアを測ろうとする研究もある。例えば、日々の自分の行動に達成感がある人には「目標志向性」があり、自分の行動に価値や、やりがいがあると感じる人には「明確な目的意識」があると判定する。

抽象的なエウダイモニアの概念を現実と照らし合わせる研究には意義があるが、アリストテレスが説く最高善を求める人間の原動力は徳や理性であり、目標や目的の向かう先は真理であって損得ではないことを忘れてはならない。所得の増加を目標とし、その目標を達成して充実感を味わっている人に罪はないが、エウダイモニアとは遠い世界にいるからだ。

哲学者ではない一般の人々が最高善を得るのは難しいのではないか、との疑問が浮かぶかもしれないが、アリストテレスは別の「善きもの」も用意している。「有用さ」と「快楽」である。

有用さは、それ自身には価値はないが、他のものを求める手段として役立つ良さを指す。快楽は「それ自身としても望ましいが、場合によっては他のものの手段となるもの」であり、究極の目的とはいえない。快楽にふけりすぎると健康を害する恐れもある。快楽は生活をより幸福にするためのものであって、最も価値の高い目的ではないが、善きものである。行き過ぎでも不足でもない中間・中庸が望ましいと唱えた。

アリストテレスは真理の追究を「最高善」と位置付けたが、有用さと快楽の存在にも目を向けていたのだ。有用さや快楽は、伝統的な経済学が想定する「効用」の概念とも重なり合う。経済学者たちは三つの「善きもの」の中からエウダイモニアを取り出して幸福の概念を拡充しようとしているが、残りの二つを無理に捨て去る必要はない。「効用の最大化」や「利潤の最大化」を目指す経済人が突然、真理の追究に目覚め、最高善への到達に邁進するのは難しいだろう。三つの「善きもの」のバランスを少し変えてみるところから始めてみたらどうだろうか。

幸福度を測る尺度が増えれば、幸福に影響を与える要因を求める研究の幅も広がる。人間の幸福度を左右するのは目の前の所得や労働だけではない。結婚、心身の健康、信仰、ライフサイクル、社会規範なども大きな影響を及ぼす。新古典派経済学では、効用を個人間では比べないという決まりになっているが、社会規範の影響を考えるなら、他者の存在を無視できなくなる。現存する他者だけではなく「将来世代」の存在も視野に入る。将来世代のための社会貢献活動に力を入れれば、エウダイモニアが高まる可能性がある。

アメリカの経済学者、リチャード・イースタリンは1974年、人々の所得の増加は必ずしも幸福度の上昇につながっていないことを示す実証結果を発表し、「イースタリン・パラドックス」と呼ばれるようになった。「所得と幸福度の間には統計的に有意な関係がある」（経済学者のベッツィー・スティーブンソン）といった反証もいくつかあるが、所得が増加すれば幸福度が高まるという仮説を振りかざすだけでは何も変わらない。新古典派経済学が重視する効用概念をいくら研ぎ澄ましても、様々な状況の下で厳しい生活を送っている人々の幸福度は高まらない。

†これからの闘い

ケインズは『一般理論』の「序文」と「結語」で、本章のテーマに関わる問題に言及している。最後に紹介しておこう。（原文通りではない。いずれも山形浩生《やまがたひろお》訳を参考に意訳）

序文　『一般理論』は主に経済学者の仲間に向けた著書である。これから自分が打ち出す新しい発想（＝後にケインズ経済学と呼ばれるようになった体系）は単純で自明であり、難しくない。ただ、経済学の教育を受けてきた人間は古い発想（新古典派経済学、ケインズの表現では古典派経済学の体系）が心の隅々まではびこっているため、古い発想から逃れるのは難しいに違いない。この本の構築は、古い発想から脱出するための長い闘いだった。経済学者たちにとっても闘いの本になるだろう。

結語　経済学者や政治哲学者たちの発想は、それが正しい場合にも間違っている場合にも一般に思われているよりもずっと強力であり、それ以外に世界を支配するものはほとんどない。

知的な影響から自由なつもりの実務家や、権力の座にいる人たちは、過去の信用できない学者たちの発想の影響を受けている。経済と政治哲学の分野で25歳から30歳を過ぎてから新しい発想に影響される人はあまりいない。公僕や政治家、扇動家でさえ、現在の出来事に適用したがる発想はたぶん最新のものではない。

ケインズが敵視した「古い発想」と、自ら提唱した「新しい発想」は時代を超えて生き残り、今も多くの人々の思考や行動に大きな影響を与えている。この強力な力に流されるままで良いのか。脱出するための「長い闘い」は、まだ始まっていない。

おわりに

新聞記者から「文筆家」に転身して3年あまり。生活のスタイルは一変した。何事にもたっぷり時間を使えるようになり、「失われた時間」を取り戻していると実感している。

筆者は幼少期から読書が好きで、中学・高校の頃は文学作品にはまっていた。何度も読み返した本も多い。武者小路実篤の『友情』(新潮文庫)は当時の値段で140円、安部公房の『壁』(同)は280円、大江健三郎の『遅れてきた青年』(同)は360円、トルストイの『戦争と平和(一)~(四)』(同)は4冊合計で1640円。まだ消費税が存在しなかった時代である。小遣いの範囲内で買える文庫本は必需品だった。

大学を卒業して新聞社に入ると、生活は激変した。午前9時頃から仕事を始め、翌日の午前1時30分前後(最終版が完成した後)に家路につく生活が長く続いた。新聞記者の仕事は楽しかったが、自分の自由にできる時間は限られていた。分厚い本をじっくり読む時間はなく、よく新書に手を伸ばした。

様々な出版社の新書を読んできたが、ちくま新書には手元に残して置きたい本が多く、自宅の書棚のかなりのスペースを占めている。数年前に出た新書を読み返してみると、思わぬ発見があったり、新たな発想が浮かんだりする。教科書代わりに使っている新書もある。

ちくま新書の橋本陽介編集長から「景気」に関する新書執筆のご提案を受けたときは驚いたが、初回の打ち合わせで問題意識を共有でき、迷わずお引き受けした。ちくま新書の執筆陣に名を連ねるのは大変な名誉だとも感じた。

執筆を始めるに当たり、景気をテーマとする本を手に取った。景気予測や景気判断の入門書、景気循環に関する研究書などはたくさん出ている。筆者の専門は経済（学）、金融であり、既刊本に寄せた本にするのが王道かもしれないが、屋上屋を架す結果にならないかと心配した。

そもそも景気とは何だろうか。景気そのものに焦点を当て、景気の存在を根本から問い直す本は近刊では見当たらない。そんな本にできれば、景気に関心を持つ人々が少しでも時間を割く価値のある本になるのではないか、との思いを込めて本の構成を練った。

景気に関連する文献や資料に当たっているうちに、現在の日本が抱える様々な課題が同心円を描いている姿が浮かんできた。同心円の中心には何があるのか、どうすればそこから抜け出せるのかを探りながら執筆した。

原稿を完成させる過程で、乾友彦氏（学習院大学教授、専門は経済発展論）、岡部光明氏（慶應義塾大学名誉教授、専門はマクロ経済学、金融論、経済学方法論）、宅森昭吉氏（景気探検家・エコノミスト、専門は景気分析）、根井雅弘氏（京都大学教授、専門は経済学史）から貴重なコメントをいただいた。ご協力に深く感謝する。また、ちくま新書編集部の橋本陽介氏と西澤祐希氏には編集のプロセスで大変、お世話になった。厚く御礼を申し上げる。

本書の幕を下ろすに当たり、筆者の心の支えとなっている家族への感謝の念も記しておきたい。

2024年秋

前田裕之

参考文献

【景気／日本経済／マクロ経済学／経済学入門】

岡部光明（2003）『経済予測――新しいパースペクティブ』日本評論社
山家悠紀夫（2005）『景気とは何だろうか』岩波新書
田原昭四（2006）「景気循環史からみた世界三大不況」同志社大学経済学会『経済学論叢』57巻3号
岩田規久男（2008）『景気ってなんだろう』ちくまプリマー新書
ハジュン・チャン（2015）『経済学の95％はただの常識にすぎない――ケンブリッジ式経済学ユーザーズガイド』酒井泰介訳、東洋経済新報社
宮川努・細野薫・細谷圭・川上淳之（2017）『日本経済論』中央経済社
福田慎一（2018）『21世紀の長期停滞論――日本の「実感なき景気回復」を探る』平凡社新書
櫻井宏二郎（2018）『日本経済論――史実と経済学で学ぶ』日本評論社
小峰隆夫（2019）『平成の経済』日経BP日本経済新聞出版
小峰隆夫・村田啓子（2020）『最新　日本経済入門　第6版』日本評論社
楡井誠（2020）「国民所得とその分配〈マクロ経済学〉」市村英彦・岡崎哲二・佐藤泰裕・松井彰彦編『経済学を味わう――東大1、2年生に大人気の授業』日本評論社
吉川洋（2020）『マクロ経済学の再構築――ケインズとシュンペーター』岩波書店
翁邦雄（2022）『人の心に働きかける経済政策』岩波新書
平口良司（2022）『入門・日本の経済成長』日経BP日本経済新聞出版
小峰隆夫（2023）『世の中の見方が変わる経済学――常識のワナに陥らないために』東京書籍
岩田規久男（2023）『経済学の道しるべ』夕日書房

小峰隆夫（2023）『私が見てきた日本経済』日経BP日本経済新聞出版
吉川洋（2023）「景気動向指数」内閣府経済社会総合研究所『経済分析』第208号
楡井誠（2023）『マクロ経済動学――景気循環の起源の解明』有斐閣
福田慎一・照山博司（2023）『マクロ経済学・入門　第6版』有斐閣アルマ
小林慶一郎（2024）『日本の経済政策』中公新書
井堀利宏（2024）『超速経済学の授業』あさ出版

【非伝統的経済学】

大垣昌夫・田中沙織（2014）『行動経済学――伝統的経済学との統合による新しい経済学を目指して』有斐閣
岡部光明（2017）『人間性と経済学――社会科学の新しいパラダイムをめざして』日本評論社
岡部光明（2022）『ヒューマノミクス――人間性経済学の探究』日本評論社
長田華子・金井郁・古沢希代子編著（2023）『フェミニスト経済学――経済社会をジェンダーでとらえる』有斐閣
Mitsuaki Okabe（2024）, *Economics for Humanity: Integrating Well-being, Community, and Practical Philosophy* Routledge

【格差問題】

森口千晶（2017）「日本は「格差社会」になったのか――比較経済史にみる日本の所得格差」一橋大学経済研究所『経済研究』68巻2号
ナンシー・フレイザー（2023）『資本主義は私たちをなぜ幸せにしないのか』江口泰子訳、ちくま新書
小塩隆士（2024）『経済学の思考軸――効率か公平かのジレンマ』ちくま新書
橘木俊詔（2024）『資本主義の宿命　経済学は格差とどう向き合ってきたか』講談社現代新書

【経済学史／経済思想史／経済学方法論／評伝／評論】

伊東光晴（1962）『ケインズ』岩波新書
岩井克人（1994）『資本主義を語る』講談社
吉川洋（1995）『ケインズ――時代と経済学』ちくま新書
中村達也・八木紀一郎・新村聡・井上義朗（2001）『経済学の歴史――市場経済を読み解く』有斐閣アルマ
根井雅弘（2005）『経済学の歴史』講談社学術文庫
丸山徹（2008）『ワルラスの肖像』勁草書房
吉川洋（2009）『いまこそ、ケインズとシュンペーターに学べ――有効需要とイノベーションの経済学』ダイヤモンド社
トーマス・カリアー（2012）『ノーベル経済学賞の40年――20世紀経済思想史入門　下』小坂恵理訳、筑摩選書
猪木武徳（2012）『経済学に何ができるか』中公新書
ダイアン・コイル（2015）『GDP――〈小さくて大きな数字〉の歴史』高橋璃子訳、みすず書房
佐々木隆治（2016）『カール・マルクス――「資本主義」と闘った社会思想家』ちくま新書
ダニ・ロドリック（2018）『エコノミクス・ルール　憂鬱な科学の功罪』柴山桂太・大川良文訳、白水社
有江大介（2019）『反・経済学入門：経済学は生き残れるか――経済思想史からの警告』創風社
野原慎司・沖公祐・高見典和（2019）『経済学史――経済理論誕生の経緯をたどる』日本評論社
丸山雅祥（2020）『市場の世界――新しい経済学を求めて』有斐閣
重田園江（2022）『ホモ・エコノミクス――「利己的人間」の思想史』ちくま新書
清水和巳（2022）『経済学と合理性――経済学の真の標準化に向けて』岩波書店
吉川洋（2022）「経済学の歴史と経済政策」『ファイナンス――財務省広報誌』通巻682号（2022年9月号）
前田裕之（2022）『経済学の壁　教科書の「前提」を問う』白水社
前田裕之（2023）『データにのまれる経済学――薄れゆく理論信仰』日本評論社

伊藤宣広（2023）『ケインズ――危機の時代の実践家』岩波新書
松島斉（2024）『サステナビリティの経済哲学』岩波新書

【古典／論文】

Adam Smith（1776）, *An Inquiry into the Nature and Causes of the Wealth of Nations*／アダム・スミス（2023）『国富論（上・中・下）国の豊かさの本質と原因についての研究』山岡洋一訳、日経ビジネス人文庫
Karl Marx（1867）, *Das Kapital:Kritik der politischen Oekonomie*／カール・マルクス（2011〜12）『資本論――経済学批判　第1巻Ⅰ〜Ⅳ』中山元訳、日経ＢＰクラシックス
Marie Esprit Léon Walras（1874〜77）, *Éléments D'Économie Politique Pure, ou Théorie De La Richesse Sociale*／レオン・ワルラス（1983）『純粋経済学要論　社会的富の理論』久武雅夫訳、岩波書店
Mitchell, W.C.（1927）, *Business Cycles:The Problem and Its Setting* National Bureau of Economic Research
Keynes, J.M.（1936）, *The General Theory of Employment, Interest and Money*／ジョン・メイナード・ケインズ（1995）『雇用・利子および貨幣の一般理論』塩野谷祐一訳、東洋経済新報社
Simon Kuznets（1937）, *National Income and Capital Formation, 1919-1935* National Bureau of Economic Research
Solow, R.M.（1956）, *A Contribution to the Theory of Economic Growth* Quarterly Journal of Economics February, Vol.70, No.1, 65-94
Joan Robinson（1978）, *"Marx, Marshall, and Keynes"* in *Contributions to Modern Economics*
Stiglitz, J.（2010）, *Needed: A new economic paradigm* Financial Times August 20
山形浩生編・訳・解説（2021）『超訳ケインズ『一般理論』』東洋経済新報社
根井雅弘（2022）『精選　経済英文１００　1日1文でエッセンスをつかむ』白水社

【その他】

市古貞次校注（1989）『新訂　方丈記』岩波文庫
武田友宏編（2007）『方丈記（全）』角川ソフィア文庫
清水義範（2009）『身もフタもない日本文学史』ＰＨＰ新書
宇野重規（2020）「新たな当事者意識の時代へ――当事者意識（オーナーシップ）とは何か」ＮＩＲＡオピニオンペーパー No.55

ちくま新書
1836

景気《けいき》はなぜ実感《じっかん》しにくいのか

二〇二五年一月一〇日 第一刷発行

著者 前田裕之（まえだ・ひろゆき）

発行者 増田健史

発行所 株式会社 筑摩書房
東京都台東区蔵前二-五-三 郵便番号一一一-八七五五
電話番号〇三-五六八七-二六〇一（代表）

装幀者 間村俊一

印刷・製本 三松堂印刷 株式会社

ISBN978-4-480-07664-9 C0233

1526
統計で考える働き方の未来
坂本貴志
労働の実態、高齢化や格差など日本社会の現状、賃金や社会保障制度の変遷などを多くの統計をもとに分析し、そこから未来を予測。高齢者の働き方を考える。

1504
アフリカ経済の真実
――資源開発と紛争の論理
吉田敦
豊富な資源があっても、大規模開発があっても、人々は貧しいまま。それはなぜなのか？　日本では知られていないアフリカ諸国の現状を解説し、背景を分析する。

1458
図解でわかる会社の数字
――株価を動かす財務データの見方
花岡幸子
財務3表の見方から経済指標の意味まで、株式投資や就職の前に知っておきたい会社の数字の読み解き方をすべてネコで図解。この一冊で、会社の実力を見抜く！

1427
川上から始めよ
――成功は一行のコピーで決まる
川上徹也
企業の「理念」や「哲学」を一行に凝縮した、旗印となる「川上コピー」。あらゆるビジネス、プロジェクトの成功には欠かせないフレーズを、どう作ればいいのか。

1431
習近平の中国経済
――富強と効率と公正のトリレンマ
石原享一
対米貿易戦争と成長鈍化で中国経済は重大な転機を迎えている。なぜ改革は行き詰まっているのか。中国は凋落していくのか。中国経済の矛盾を見つめ今後を展望する。

1368
生産性とは何か
――日本経済の活力を問いなおす
宮川努
停滞にあえぐ日本経済の再生には、生産性向上が必要だ。誤解されがちな「生産性」概念を経済学の観点から捉えなおし、その向上策を詳細なデータと共に論じる。

1312
パパ1年目のお金の教科書
岩瀬大輔
これからパパになる人に、これだけは知っておいてほしい「お金の貯め方・使い方」を一冊に凝縮。パパとして奮闘中の方にも、きっと役立つ見識が満載です。

ちくま新書

1054
農業問題
――TPP後、農政はこう変わる
本間正義
戦後長らく続いた農業の仕組みが、いま大きく変わろうとしている。第一人者がコメ、農地、農協の問題を分析し、TPP後を見据えて日本農業の未来を明快に描く。

1179
日本でいちばん社員のやる気が上がる会社――家族も喜ぶ福利厚生100
坂本光司&坂本光司研究室
全国の企業1000社にアンケートをし、社員と家族を幸せにしている100の福利厚生事例と、業績にも確実によい効果が出ているという分析結果を紹介する。

1228
「ココロ」の経済学
――行動経済学から読み解く人間のふしぎ
依田高典
なぜ賢いはずの人間が失敗をするのか？　自明視されてきた人間の合理性を疑い、経済学、心理学、脳科学の最新知見から、矛盾に満ちた人間のココロを解明する。

1232
マーケティングに強くなる
恩蔵直人
「発想力」を武器にしろ！　ビジネスの伏流を読み解き、現場で考え抜くためのヒントを示す。仕事に活かせる実践知を授ける、ビジネスパーソン必読の一冊。

1275
ゆとり世代はなぜ転職をくり返すのか？
――キャリア思考と自己責任の罠
福島創太
いま、若者の転職が増えている。本書ではゆとり世代の若者たちに綿密なインタビューを実施し、分析。また、彼らをさらなる転職へと煽る社会構造をあぶり出す！

1302
働く女子のキャリア格差
国保祥子
脱マミートラック！　産み、働き、活躍するために必要な職場・個人双方の働き方改革を具体的に提案。育休取得者四〇〇〇人が生まれ変わった思考転換メソッドとは？

1374
東京格差
――浮かぶ街・沈む街
中川寛子
「閑静な住宅街」「職住分離」「住みよい街」という発想はもはや時代遅れ。二極化する東京で、生きのこる街の条件は何か？　豊富な事例も交えつつ具体策を探る。